百貨店で〈趣味〉を買う

大衆消費文化の近代

神野由紀

吉川弘文館

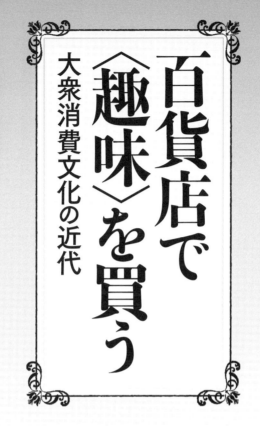

目　次

図版目次

図1―1　油屋肩衝　松平直亮所蔵品　高橋箒庵『大正名器鑑』第一編　大正名器鑑編纂所（一九二六～二八年）一九二一～二七年……15
図1―2　『書画骨董雑誌』第四五号　雄松堂アーカイブズ　二〇〇八年……19
図1―3　石器時代遺物　『集古会誌』集古会　一八九六年……26
図1―4　だるま　『集古会誌』　集古会　一八九六年……26
図1―5　ずぼんぼ　清水晴風・西澤笛畝『うなゐの友』一八九一～一九二四年（複製　芸艸堂一九八二年）……29
図1―6　人形一品会に出品された浮世人形（享保頃製作）　長谷川可同出品　『三越』第三巻第一号一九一三年……32
図1―7　人形玩具逸品会　『三越』第六巻第六号一九一六年……32
図1―8　新古雛人形陳列会に出品された桃太郎雛巌谷小波考案　『三越』第一〇巻第四号　一九二〇年……33
図1―9　桃太郎雛と御祝品　『三越』第一〇巻第五号　一九二〇年……36
図1―10　桃太郎雛が飾られた食堂　卓上には桃に流れの装飾　『三越』第一〇巻第五号　一九二〇年……36
図1―11　一般顧客向けの木目込桃太郎雛　『三越』第一一巻第二号　一九二一年……37
図1―12　『大供』一　関西大学図書館所蔵　一九一八年……37
図1―13　紳士ファッション（礼服）　宮本桂仙『紳士之顧問』　博文館　一九〇六年……45
図1―14　石膏半身像の広告　『学鐙』第七巻第一

図3—17　第二回御座敷道具頒布会の案内　『三越』第一八巻第一二号　一九二八年……141
図3—18　新田丸一等食堂　『豪華客船インテリア画集』　アテネ書房　一九八六年……148
図3—19　国風趣味の寝室用家具　松坂屋「国風家具展」　一九三六年　『近代家具装飾資料』第七集　洪洋社　一九三六年……149
図3—20　国風趣味の居間用家具　松坂屋「日本座敷に適はしき国風家具展」　一九三六年　『近代家具装飾資料』第二集　洪洋社　一九三六年……150
図3—21　国風趣味の応接間用家具　松坂屋「国風家具展」　一九三六年　『近代家具装飾資料』第七集　洪洋社　一九三六年……150
図3—22　飾棚と衝立　髙島屋「新興漆芸家具創作展」　一九三六年　『近代家具装飾資料』第三集　洪洋社　一九三六年……152
図3—23　食卓・飾棚・行灯・机・船形スタンド　三越「趣味の和家具展」　一九三六年　『近代家具装飾資料』第一一集　洪洋社　一九三七年……152
図3—24　火鉢　三越「趣味の和家具展」　一九三六年　『近代家具装飾資料』第一一集　洪洋社　一九三七年……153
図3—25　衝立・新聞入・衣裳入・衣裳盆　三越「趣味の和家具展」　一九三九年　『近代家具装飾資料』第二三集　洪洋社　一九四〇年……153
図3—26　「東海道五十三次　家具小物図案集」　三越史料室資料　株式会社三越伊勢丹提供……154
図3—27　深川八景模様の草履　三越史料室資料　株式会社三越伊勢丹提供……160
図3—28　品川模様のハンドバッグ　三越史料室資料　株式会社三越伊勢丹提供……160
図3—29　三味線掛け　見附由来　「東海道五十三次　家具小物図案集」　三越史料室資料　株式会社三越伊勢丹提供……160
図3—30　伊勢物語模様の虫籠　知立由来　「東海道五十三次　家具小物図案集」　三越史料室資料　株式会社三越伊勢丹提供……161
図3—31　千本松原模様の電気スタンド　沼津由来　「東海道五十三次　家具小物図案集」　三越史料室資料　株式会社三越伊勢丹提供……161

『三越』第一四巻第一〇号　一九二四年……180
図4―6　飛んでこい　土井子供くらし館所蔵……182
図4―7　すぼんぼ　『みつこしタイムス』第八巻第四号　一九一〇年……182
図4―8　投扇興　『みつこしタイムス』第七巻第一二号　一九〇九年……183
図4―9　みつこしオモチャ会第一期七月分配布商品　『三越』第二巻第八号　一九一二年……183
図4―10　親王雛　『三越』第三巻第二号　一九一三年……186
図4―11　雛一組　『三越』第四巻第二号　一九一四年……186
図4―12　紫宸殿飾り　京都製　『三越』第一三巻第二号　一九二三年……186
図4―13　雛人形陳列会　『みつこしタイムス』第一〇巻第三号　一九一二年……187
図4―14　田中家所蔵の紫宸殿飾り　一九一七年の祝品　田中本家博物館所蔵……190
図4―15　雛人形陳列会の流行商品予想案内　『三越』第六巻第二号　一九一六年……190
図4―16　雛人形の販売促進用品　『三越』第八巻第二号　一九一八年……190
図4―17　新古雛人形陳列会の案内　『みつこしタイムス』第七巻第二号　一九〇九年……194
図4―18　吉野雛　佐四郎作　『三越』第一巻第一号　一九一一年……194
図4―19　異り雛　『みつこしタイムス』第一〇巻第三号　一九一二年……196
図4―20　光琳雛　『三越』第二巻第二号　一九一二年……197
図4―21　子宝雛　『みつこしタイムス』第一〇巻第二号　一九一二年……197
図4―22　奈良人形　『三越』第二巻第二号　一九一二年……197
図4―23　木彫天平雛・木彫直衣雛・木目込観世雛『三越』第三巻第二号　一九一三年……200
図4―24　木彫七福雛　『三越』第三巻第二号　一九一三年……200
図4―25　豆雛・玉雛・官女　『三越』第四巻第二号　一九一四年……200

はじめに

趣味の大衆化が始まっていく近代初期、モノのデザインは良い趣味を目指す人々と、その市場に着目した生産業者によって、新たな表層をまとうことになった。

明治末、国内産業の発展は多くの国産品を出現させ、同時に都市部の新中間層を増大させた。舶来品に比べて安価な国産品の流通は、中間層を消費者に組み込むことになった。その舞台となったのが、この頃、都市部に出現した百貨店である。この百貨店を中心に近代的な大量消費の文化が開花していく中で重要な役割を果たしていたのが、「趣味」というキーワードであった。西洋からもたらされた新たな概念である taste が「趣味」という語に訳された際には、美的価値判断能力の重要さが説かれ、自己の内面を磨くことが「良い趣味」を獲得する方法であるとされた(1)。良い趣味は教養と資本力に基づき時間をかけて醸成されるものであった。しかし、新しい中間層は、より簡単にそれを得ることを望んだ。この矛盾を解決してくれたのが、百貨店であったといえる。多くの中間層は、百貨店で販売された商品の購入によって手軽に良い趣味を手に入れるという方法を選んでいくことになる。

趣味が消費を介して広められる際、大衆の受け容れやすい獲得方法が示されるようになる。良い趣味のために何を消費したらよいかわからない初期の中間層に向けて、百貨店はただ「何の商品を買うか」だけでなく、いつ、どのように購入するのか（しなければならないのか）という消費機会までも提供していった。百貨店の巧みな販売戦略は流行操作や店内催事に始まり、子ども用品や紳士用品、洋家具、食器など新規市場の開拓、さらには雛祭り、新入学、七五三、クリスマス、婚礼といった新たな消費イベントの創出へと展開していく。こうした百貨店の戦略の事例が子ども用品に顕著に見られたことについても、これまでの研究で具体的に明らかにしてきた(2)。

三越呉服店が生み出した趣味の中で「江戸的な趣味」は、戦前期の日本で特に大きな影響力を持ち続けた。当時、百貨店の主要顧客であった新中間層の多くは、地方から新たに都市に流入した、文化資本を持たない人々であった。上昇志向の強い彼らにとって、都会で成功するためには良い趣味の獲得は急務であり、自らの趣味の欠如に対して抱くコンプレックスが、百貨店に集まっていた好事家の世界への憧れにつながっていく。好事家たちの江戸の風流な趣味は中間層にとっての理想モデルとなり、この憧れが彼らの百貨店での消費傾向を規定することになる。趣味の卓越化と卓越化をめぐる闘争が明確に発生した「場」が、百貨店であったといえるだろう(3)。

西洋における産業革命後の大量生産品による消費文化は、イギリスのヴィクトリア朝時代の量産品、あるいはドイツのビーダーマイヤー様式など、装飾過多で悪趣味なデザインを生み出した。台頭する中産階級は上流階級の趣味を模倣し、結果として装飾の過剰に施された手工芸風の粗悪な工業製品を消費していく。近代の消費社会において、「良い趣味」と「悪趣味」は必ずしも相反するものではなく、大衆が良い趣味の獲得を目指していく過程において悪趣味へと転化していく現象が以後も各所で見られた。二〇世紀半ばになると、この現象は「キッチュ」と呼ばれ、特に大衆消費文化を背景にした芸術が生まれる。二〇世紀後半には、この通俗的な現象が同時代を象徴するものとして、注目を集めるようになった。ピーター・ワードは、こうした悪趣味が生まれる状況を、次のようにわかりやすく述べている。

「『私は趣味がいい』ということを意味する、ある商品に対する需要が生まれると、あっと言う間にその商品は大量生産される。その結果、その商品はすぐさま多くの人々に行き渡り、その商品がもたらすはずの良い趣味という地位に自分がいることを誰もが主張するようになる。しかし、このようにすぐに誰もが商品を購入し、良き趣味を所有するようになるということ自体、良き趣味の象徴としての魅力の根幹をなしている排他性という要素を、当の商品が失ってしまうことを意味している(4)」

さらにワードは、大衆化の中で起こった、もう一つの重要な趣味の変容を挙げている。本来、個人の美的判断能力が求められていたはずの良き趣味であるが、新たに趣味の世界に参入した中間層は、この判断能力を持たずして単にほかの人が認めた価値を量産商品の消費をとおして真似するだけになったという点である。彼が注目するのは、こうした状況が顕著になった二〇世紀後半のアメリカを中心とする大衆消費社会である。膨大な量産品から自由に商品を選ぶことが可能となった時代、大衆は自分たちの住まいをこの量産品で飾り立てようとした。

「自宅のマントルピースや壁を飾るのに、実用性のまったくないオブジェを山ほど買いこむことができるというのも、多くの人々にとってまた初めての体験だった。果物から動物、はては人間にいたるまで、自然界のありとあらゆるものを型どった石膏模型が、居間の壁のいたるところに増殖していった(5)」

こうしたキッチュの持つ特徴は、広く近代のデザイン文化を理解するうえで重要である。そして、この現象は二〇世紀後半のアメリカのみならず、大量生産された商品が生活を変えていく近代初期に共通して見られるもので、日本においても例外ではなかった。安価な消費財が急増していく中、初めてそれらを手にすることになった中間層が台頭するとき、全く同じように、彼らは何らかの指標に頼ってさまざまな商品を購入していったのである。

本書の視座は、一部の人々による「良い趣味」が大衆化していく過程でのデザイン表象の変化にある。百貨店が「良い趣味」を創出していく様子は以前に『趣味の誕生』(6)などにまとめたとおりであるが、本書ではさらにもう一歩踏み込んだ議論として、趣味の大衆化現象を引き起こす場として、戦前期の日本の百貨店の活動と、そこでの商品の再検討を試みた。そして、一部の好事家の趣味から大衆の趣味へ、商品を介在させて変化していく過程を明らかにするため、当時、三越で知られざる人気商品だった人形玩具と風流道具という二つの事例に着目した。

1章ではまず、明治期に中間層の憧れた趣味の体現者、すなわち「良い趣味」を創り出す人々に焦点をあて、彼らがいかにして、その後に台頭してくる中間層の憧れのモデルとなっていくか検証する。近代の茶の湯に没頭した財界人たちや書画骨董の趣味といった正統の趣味から、書画骨董よりも気軽に楽しめる古物の収集趣味「好古趣味」まで、実業の世界で成功した人々や江戸っ子的好事家の趣味の世界を辿っていく。

明治に入り、文明開化の世で人々が理想とするようになったのが、西洋の「紳士」であった。このとき西洋からもたらされた理想像は、明治後半から急速に人々に広まっていくが、多くの中間層にとってはヨーロッパの紳士よりも身近な明治の成功者たちに、そのイメージは重ねられていった。「紳士になるため」の指南書が多数刊行され、ファッション、その他身の回りの「紳士必携」の商品が多数流通していく。間違いなく新興の中間層にとって、「良い趣味」とは商品の消費によって獲得すべきものであった。こうした意識を持つ人々が憧れの眼差しを向けたのが、上記の茶の湯や骨董収集に関連する消費の世界であった。

そして、初めに指摘しておかなければならないのが、近代初期の日本で、こうした趣味の大衆化現象を担ったのは、もっぱら男性であったということである。この時期、都市を遊歩する近代的消費者は、圧倒的に男性であった。呉服の近代的な流行操作が始まるこの時期、女性には確かに流行商品を消費する性というイメージを付与されていったが、彼女たちは百貨店が提示する商品の単なる消費者という立場にとどまっていた。この時点で「良き趣味」を創り出す実践的主体は男性であり、当然のことながら、その趣味は男性の中間層に向けて発信されていた。近代初期の消費文化における趣味の大衆化を検討するという本書の目的においては、女性の呉服商品ではなく、男性中心的な趣味の世界がより明確に反映された商品に焦点をあてることが重要である。

2章以下では、明治末以降、百貨店を舞台として消費文化が大衆化していく中で、趣味の世界がどう商品化され、百貨店の文化事業と結び付いていったか、詳しく見ていく。例えば、明治末に各百貨店に開設された美術部については、展覧会や芸術家支援など、その美術史的な意義については考察が進んでいるが、百貨店がどのような人々に「美術」という商品を、どのような形で提供しようとしたのかについては、あまり言及されていない。百貨店の顧客である中間層の前述のような意識を考えるなら、「美術」ではなく自らの周辺を飾る「商品」として、消費者が美術を受容していく過程を見ていく必要があるだろう。

3・4章では、百貨店が扱った風流道具と人形玩具に焦点をあてる。好事家たちの人形玩具をはじめとする風流な趣味は、百貨店を介し、中間層にとっての憧れの「良い趣味」として受容されていったが、その過程の中で本来の意図とは離れた商品デザイン、特に震災後には通俗性を帯びたデザインに転化していく現象も見られた。一部の卓越した人々による「良い趣味」が中間層に模倣され、そして、量産商品とともに大衆化し、最終的にはキッチュの増殖をもたらすというデザイン上の変化は、近代のデザインの問題を考えるうえで重要な点であるといえる。

中間層の「良い趣味」への欲望を満たすユニークな商品群が、大正初め頃に売り出された「風流道具」に始まる江戸的な趣味の道具類であった。風流、数寄という概念は、特に江戸後期頃から茶の湯と結び付くことが多くなる。近代の茶の湯については熊倉功夫らによって、実業家たちによる茶の湯の復興の様子が明らかにされてきた(7)。しかしながら、こうした実業の茶に関する先行研究のほとんどは、実業の世界で成功を収めたエリート集団によるもので、その範囲は上流から中流上層階級までにとどまっていた。彼らの風流趣味が、もう少し広汎な中間層にまでどのように拡散されていくかについては、昭和初期以降、家元制度の中で女性の趣味としての茶道が広まったこと以外は、これまであまり言及されていない。趣味の大衆化現象が、量産される既製の商品を介在させた消費行動によって生じるという仮説のもと、3章では特に「風流道具」と呼ぶべき一連の雑貨類の商品デザインの特性から、茶の湯の周辺にある風流趣味の大衆化の過程を読み解くことを試みた。具体的には、『三越』誌上で確認できる「風流道具会」などの頒布会の内容を追い、さらに大正から昭和初期にかけての風流な和雑貨類の商品をカタログ上から分析した。『三越』で確認できるのは現在、一九三三年（昭和八）までなので、以降のデータについては百貨店の家具陳列会と和家具展の内容が詳細に掲載されている『近代家具装飾資料』、さらに今回の調査で新たに確認できた三越史料室所蔵の「東海道五十三次　家具小物図案集」その他服飾雑貨類の図案集を用いた。これらの資料から、一部の好事家たちによる卓越した趣味としての風流が、大衆化とともにわかりやすい表象となり、昭和に入り国風デザインが台頭する中で、きわめてキッチュな和風趣味へと転化していく状況を見ていく。

古い人形玩具の収集は、明治以降の好事家の間でも人気の高かった趣味の一つである。この趣味のネットワークについては多くの先行研究があり、郷土玩具趣味の中に近代批判としての態度を指摘した斎藤良輔、斎藤の指摘を援用しつつ近代初期の知のネットワークとその特性を明らかにした山口昌男の一連の研究が最もよく知られているが[8]、さらに近年、小川都、香川雅信、加藤幸治などにより、新たな郷土玩具研究の成果が発表されている[9]。これらの研究では近代的な学問が好事家の趣味と分岐していく地点を明らかにすること、対抗文化としての検証、近代的な「郷土」への眼差しの生成過程を明らかにすること、などが主な論点となっており、一部の好事家の趣味が、その後どのような回路によって大衆化され、変質していったかについてまでは明らかにされていない。そこで4章では、好事家の趣味が大衆化していく過程でのデザイン表象の変化に焦点をあてる。まず、大衆化に向かう直前の、趣味の世界としての人形玩具の愛好家たちのネットワークの実態を追うべく、大供会の結成初期から大正半ばまでの活動内容を『集古』『家庭と趣味』『三越』から辿った。次に、この好事家の趣味が百貨店を通して一般消費者に広まっていく中で現れた商品を分析した。三越の流行会や児童用品研究会の会員にも大供会に関与していた人物は多く、人形玩具趣味は、当時の三越のブレーンに支配的な趣味となっていた。これが、三越の子ども用品をめぐるさまざまなイベント、商品開発に影を落としていた。三越の一連のPR誌に掲載された児童用品の中でも、特に好事家的色彩が強い商品を明らかにするため、児童用品研究会会員の考案玩具や頒布会などの商品、さらにはカタログに掲載された雛人形商品を精査し、その特徴を考察した。

〔註〕

（1）本書における「中間層」とは、近代以降に都市部に台頭する会社員を中心とした新しい中間層のことであり、資本を持つ「中産階級（旧中間層）」とは区別した。

（2）神野由紀『子どもをめぐるデザインと近代』世界思想社、二〇一一年。

（3）ピエール・ブルデュー（石井洋二郎訳）『ディスタンクションⅠ・Ⅱ』藤原書店、一九九〇年（Pierre Bourdieu, La Distinction, Minuit, 1979）。

（4）ピーター・ワード（毛利嘉孝訳）『キッチュ・シンクロニシティ』アスペクト、一九九八年、一一頁（Peter

Ward, Kitsch in Sync, Plexus Publishing, 1991）。

（5）前掲註（4）ワード書、二四頁。

（6）神野由紀『趣味の誕生』勁草書房、一九九四年。

（7）熊倉功夫『近代茶道史の研究』日本放送出版協会、一九八〇年。斎藤康彦『近代数寄者のネットワーク』思文閣出版、二〇一二年。

（8）斎藤良輔『おもちゃと玩具』未来社、一九六五年。斎藤良輔『おもちゃの話』朝日新聞社、一九七一年。斎藤良輔『おもちゃ博物誌』騒人社、一九八九年。山口昌男『敗者の精神史』岩波書店、一九九五年。山口昌男『知の自由人たち』日本放送出版協会、一九九八年。山口昌男『内田魯庵山脈　上・下』岩波書店、二〇一〇年など。

（9）小川都「郷土玩具の基本的性格」『京都民俗』一五号、一九九七年。坂野徹「好事家の政治学」『思想』九〇七号、岩波書店、二〇〇〇年一月。鈴木廣之『好古家たちの19世紀』吉川弘文館、二〇〇三年。香川雅信「郷土玩具のまなざし」『日本民俗学』二三六号、二〇〇三年。香川雅信「〈郷土／玩具〉考」『大阪大学日本学報』二五号、二〇〇六年三月。加藤幸治『郷土玩具の新解釈』社会評論社、二〇一一年など。

1章◆近代初期の消費と趣味の諸相

1「良い趣味」を創り出す人々

百貨店を舞台に見られた初期のさまざまな消費活動で目立つのは、「良い趣味」を獲得したいと願う中間層の欲望であった。百貨店はこれを巧みに利用し、百貨店で商品を購入すれば良い趣味を手に入れることができる、という幻想を人々に抱かせた。ここで重要な役割を果たしていたのが、この時代に「良い趣味」のモデルとなった人々の存在である。江戸時代の文化を継承した趣味人たち、いわゆる好事家と呼ばれる人々は、まさしく中間層にとって自分たちに欠如していた文化資本を保持する人々であった。ここではまず近代初期に影響力のあった趣味人たちについて、近代の茶の湯を成立させた数寄者たち、そして、古いものを収集する古美術収集家や好古家たちに焦点をあてる。そして、彼ら趣味人たちに憧れ、それを獲得しようとした中間層、すなわち百貨店の主要顧客層について、彼らが何を求めて消費へと向かっていったのか、という問いにつなげていきたい。

(1)　近代の茶の湯の成立と数寄者の出現

近代の数寄者たちによる茶の湯についての考察は、熊倉功夫の詳細な研究が知られているほか、斎藤康彦など新しい研究成果も出されている(1)。初めにこれら既往研究に基づき、近代の茶の湯とそれを築いた人々について概観する。

村田珠光、武野紹鷗、千利休へと続き大成された茶の湯文化は、その後、小堀遠州や織田有楽など大名にも継承され、大名茶と呼ばれるような武家の茶を発展させるとともに、武家社会の中に教養としての茶の湯が浸透していくことになった。その後、社会が安定してきた江戸中期になると、茶の湯は大名や大商人だけでなく、家元制度を介して町人にまで広められていく。ただし、この大衆化が茶の湯の遊芸化につながり、また行きすぎた「侘び・寂び」の追求も見られるようになり、結果、化政期から幕末維新期にかけて衰退に向かうことになる。

熊倉は『近代茶道史の研究』の中で、茶道の原理を次の三つにまとめている。

1　新しい美の発見を目指す目ききの精神
2　身分階層の峻別を基本とする、封建道徳に対する無差別平等の理念
3　分限思想に集約される富の原理と、これを破壊しようとする貧粗の精神

新しい美を発見する「目利き」の精神は、選んだ道具類に反映される。すなわち精神的な世界の追求の一方で、茶の湯にはモノの収集という消費文化的な要素が含まれていた。このことを熊倉は近代の茶の湯の興隆の様子から明らかにしている。一度衰退の傾向を見せた茶の湯は、その後、幕末維新の混乱期を経て明治に入り復興していく。熊倉はこの近代の茶の特徴の一つを芸術的なものへの志向、さらには数寄者たちによる生活としての茶であると指摘する。松平不昧から益田鈍翁、高橋箒庵に至る中で名器と呼ばれる道具に執着し、その収集に向かう茶の湯を熊倉は「生活としての茶」と呼び、「理念としての茶」との違いを次の様に述べる。

「理念としての茶は、茶道の独自性を主張することによって、茶道がなにかの役に立つことを拒否するものであった。生活としての茶は、茶道が、宗教・美術・文学・作法、そのほか諸々の芸道を含みこむことによって、その総合生活であることを主張する」(2)

維新後、「生活としての茶」を発展させたのは、近代の実業家たちであった。茶道における数寄者とは、茶道を専門にしているのではなく、ほかに生業を持ち茶道を趣味で楽しむ人々を指す。近代の茶道の特徴は、政財界を中心としたブルジョワたちがその財力で茶道具を収集し、趣味としてあるいは社会的なネットワークへ参加するため、茶を楽しむところにあった。安田松翁（善次郎）、馬越化生（恭平）、益田鈍翁（孝）、根津青山（嘉一郎）、高橋箒庵（義雄）、原三渓（富太郎）、小林逸翁（一三）といった財界人による茶の湯のコミュニティが形成され、その中で茶道具収集が盛んに行われていくようになる。

この財閥の茶人を代表する一人・益田鈍翁は、熱心な古美術収集家であったが、一八九〇年（明治二三）に御殿山の自邸で茶を始め、以後、茶の湯に没頭していく。彼が主催した茶会「大師会」は、園遊会に美術的側面を加えた大規模な茶会として、明治の政財界の一大社交場となった。彼の古美術愛好は、茶道にあらゆる美術品を持ち込むことになり、あまり茶道とは関係ない天平・藤原の時代の美術を採り入れるなど、独自の美意識を生み出し「鈍翁の茶」と呼ばれた。特別な思想は存在せず、茶会が美術品鑑賞の場と化していった鈍翁の茶の湯は、近代の茶道の大きく特徴づけることになった。

さらに熊倉が指摘するのが、近代における茶道の大衆化である。教養をもった狭いコミュニティの中で成立していた茶道は、維新後に地方から上京してきた人々に獲得すべき趣味の対象となった。そうした新規参入を促すことになったのが、高橋草庵（義雄）の著した近代の茶人たちの記録であった。[3]高橋による膨大な茶会の記録が新聞に掲載され、のちに単行本として刊行されるが、[4]ここで着目すべきは熊倉が述べるような、茶道の密室性がなくなり、一気に大衆に向けて情報が発信されるようになった点である。

「茶道史上その意義を考えるなら、本来密室的な茶事の世界が、一気に不特定多数の観客のもとにひき出され、もっとも私的な世界であるべき茶の話題が、いわば社交界の話題にうつしかえられるという事態をもたらした(5)」

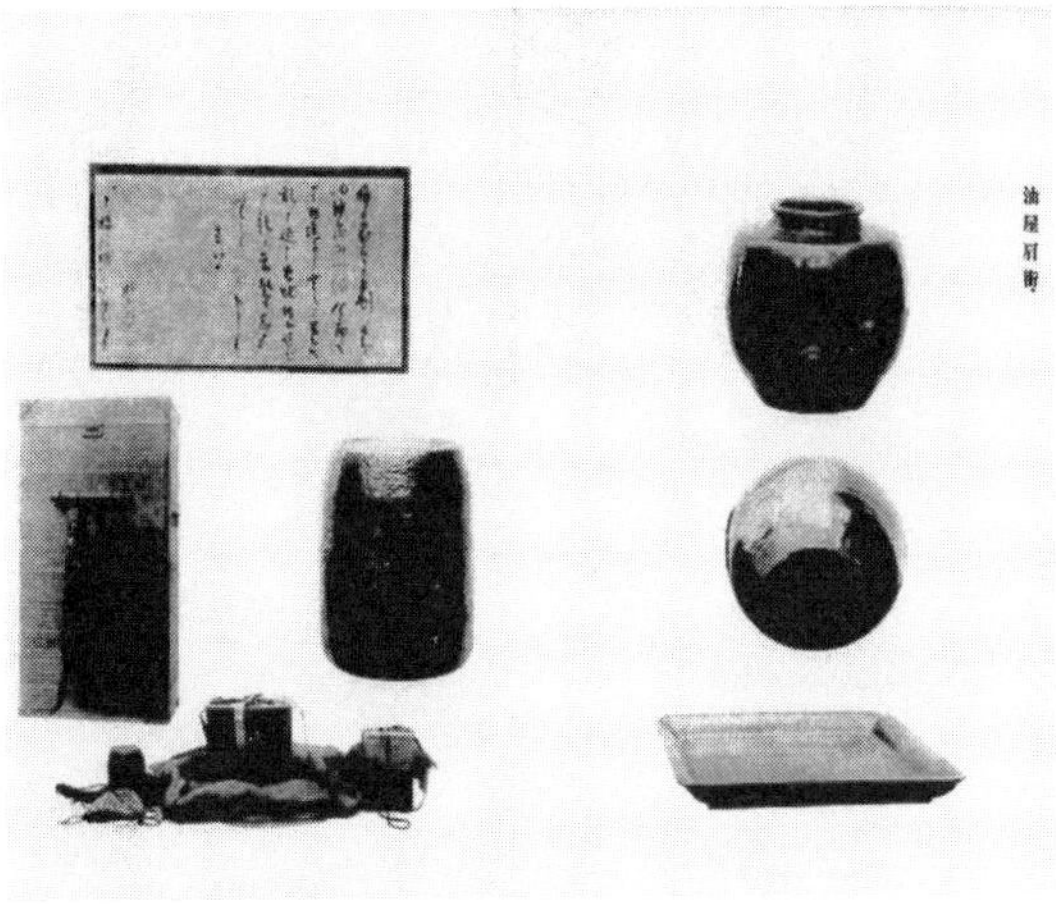

図1−1　『大正名器鑑』第1編

近代の茶は政財界の名士のものであり、彼らの趣味は理想モデルとして社会の中で位置づけられるようになる。日露戦争頃から増えていく成金的新興ブルジョワジーが、憧れの社会集団に同化しようとしていくが、さらにその下に位置するプチ・ブル層、すなわち日本でいう新中間層までもがこうした趣味の世界の実態を情報として入手することが可能になった。それほど財力を持たない多くの中間層にとっては手の届かない趣味であっても、その趣味の世界を垣間見ることだけはできるようになったのである。

さらに高橋は、茶器の詳細なデータ集ともいうべき『大正名器鑑』(6)を刊行している。当時の富豪の数寄者たちが所有する名器を一覧にまとめ、その由来、寸法などが詳細に記され、実見記と写真図版が付けられている（図1－1）。全八編からなる膨大なデータ集の編纂により、茶道具は金銭的な価値に置き換えられ、ランクづけされていく。こうしたところに高橋の徹底した経済至上主義が見られると熊倉は指摘している。青年時代に『拝金宗』[7]を著している高橋は、三井呉服店の店内改革で手腕を発揮したことでも知られる経営センスの持ち主であった。高橋の三井呉服店時代の仕事については別の機会に述べたが、この貨幣価値的な感覚を茶の湯に持ち込むことでわかりやすい形で茶器の価値を示し、明治末頃からの茶道具ブームを支えたのが、これらの読み物だったのである。中間層にとっての茶の湯の趣味とは、実業の世界での成功者のイメージと重なっていた。近代の茶人は、趣味の理想モデルとして映ったはずであり、高橋による刊行物は、そうした趣味の大衆化に大きく関与していた。[8]

(2)　好古趣味の興隆

明治期を代表するもう一つの趣味の世界が、「古いもの」の収集である。美術の制度化により美術と骨董の境界が定められ、さらに一方では考古学などの学問体系が整えられていく時代にあって、その枠組みからはずれ、マニアックに古いものを愛好し収集する人々が親密なネットワークを形成していたことは、すでに山口昌男らによって詳しく紹介されているところである。[9]

骨董趣味の系譜

この好古趣味は、すでに江戸時代から人々の間で愛好されていた。人々の暮らしに余裕が生まれた江戸後期、庶民に至る幅広い層が趣味を楽しむようになり、初めは公家や武家や僧侶たちが中心であった茶や生花、俳諧などの趣味も、町人にまで愛好されるようになり、さまざまな趣味の同好会が結成された。それらは「連」と呼ばれる、階級や職業に関係のない自由で小規模なサークルが多く、[10]俳諧、狂歌、浮世絵、茶、生花に始まり、盆栽や朝顔などの園芸、さらに石器や土器、看板、瓦、古銭、刀剣、掛物、陶磁器、玩具など変った古物の収集趣味も人気を集め、のちに「好古家」と呼ばれるような人々が出現した。さらに彼らは趣味のサークルを通して広範囲のネットワークを作り、収集品に関する出版物も多く、情報共有がなされていた。彼らは風流を体現する数寄者＝趣味人として、江戸後期の文化を特徴づけた。

江戸時代には、京都の以文会（一八一一年〈文化八〉～幕末）や江戸の耽奇会（一八二四〈文政七〉～二五年）など、珍しい物を持ち寄って見せ合うための例会を開く同好会がいくつも結成されている。[11]曲亭馬琴、山崎美成を中心に、矢代弘賢、谷文晁など江戸の文人一二人による耽奇会は、不忍池畔の淡々亭に毎月一回集まり、古画、書画、古物、珍品など互いの収集品を見せ合い、談話を楽しむ会で、その様子は『耽奇漫録』という記録集（全二〇回）にも遺されている。また、鉱物類、石器、勾玉まであらゆる石を収集の対象とした弄石社は、数百人の社友がいる全国規模の組織であったという。どの同好会も会員の持ち寄る品を公に展覧する会を企画しているのが特徴で、これが江戸期の物産会、書画会の開催につながっている。

明治に入っても好古趣味は江戸以来の趣味人たちに引き継がれ、ここから日本の考古学や人類学、民俗学などが分岐・発展していくことになる。しかし、明治前半期において、趣味的な世界と学術的な世界は、いまだ未分化な状態で混在していた。鈴木廣之は、近代になって次第に考古学、人類学、文化財としての美術品、骨董品というように分類されていく以前から日本人に親しまれていた、広く漠然とした「古い物」の世界に着目し、それが新しい体系に置き換えられていく過程を明らかにしている(12)。一八七一年(明治四)に太政官からの「古器旧物」の保存の布告の中で示された保存されるべき古いものは、今日的な体系で挙げられてはいなかった。エドワード・モースは、日本には古物を収集し愛好する「好古家」が多く存在していたと驚きをもって伝えている。このとき、モースの言葉が「考古学」ではなく、あえて「好古家」と訳された背景について鈴木は、まだ大学のアカデミックな学問分野として考古学が確立される直前の揺籃期にあり、多くの愛好家たちを広く指した結果、このような呼び方になったと述べている。古物の収集趣味は、その後、一部の好事家だけでなく、中間層の新規参入者を生み出していくことになる。

一九〇六年(明治三九)に創刊された『書画骨董雑誌』は、当時の中間層における骨董収集の趣味の高まりを伝えている。「美術家、好古家、骨董家等の娯楽的機関雑誌」である同誌には書画だけでなく、古銭や古瓦、人形、盆栽、茶器、刀剣、マッチなど、さまざまな骨董品、珍品の記事が掲載されている。書画骨董雑誌社の主催で「書画骨董家大会」なども開催されており、誌面にはその他にも展覧会の情報が多く掲載され、好古会や、後述する集古会のような収集趣味の会の情報も紹介している。

また、「我国第一流の骨董愛翫家は如何なるものを賞鑑するか」と題され実施された華族や実業家たちへのアンケートでは、秋月新太郎、福岡孝悌、高橋義雄、安田善次郎など華族や政財界のトップにどのような書画、あるいは骨董が好みか尋ねている。その多くは日本あるいは中国の古い書画を挙げており、こうした情報を通じて、趣味の世界に財を投じる実業家たちの華やかな生活が中間層に伝えられていくことになる。

図1－2　『書画骨董雑誌』第45号

美術概念が確立されていなかった明治にあって、『書画骨董雑誌』（図1－2）で扱われる書画は、あくまで骨董＝「古いもの」の一つであり、その背後には多様な「古いもの」の世界が存在していた。書画骨董品は、明治の初期には大名家などから多くの名品が売り立てられ、貴重な品をかなり安く入手できることも少なくなかった。これが人気の高まりとともに次第に価格高騰していくと、当然のことながら贋作も横行し、買い手には高い鑑識眼も要求されるようになっていく。これを裏づけるように、同誌にも贋作に関する記事が頻繁に掲載されている[13]。結果として鑑識の知識を持たない中間層にとっては、書画骨董の趣味はハードルが高いものになっていったことも事実であった。

江戸趣味の背景

古いもの＝骨董趣味は、明治になると特に江戸文化を愛好する江戸趣味という形を取ることになる。行きすぎた欧化主義も一段落した明治後半、古き良き江戸の文化を懐かしむ気運が強まっていった。この動きは「江戸趣味」と呼ばれるようになり、明治末になるとその風潮はいっそう高まっていく。

この時代の江戸趣味には、いくつかの系譜があった。その一つは、永井荷風に代表される西洋からの帰朝者が、表面的な近代化、西洋模倣にとどまっている当時の日本に幻滅し、現実逃避して江戸文化を美化していくという傾向であった。内田魯庵は、この永井荷風を「江戸趣味の第一人者」と称し、「元來江戸といふものはそんなに好いものではない。荷風氏はその江戸にニュー・ライフを吹き込んだのである。[14]」とし、明治一〇年頃の生まれにもかかわらず、天明時代の江戸の趣味を生まれながらに体現していたと述べている。この荷風の江戸趣味は、木下杢太郎や北原白秋らパンの会に継承され、異国情緒として江戸の名残りを愛好する態度を生み出すことになった。

他方、生粋の江戸人による江戸趣味も人々に影響を及ぼしていた。これはまさに、董収集趣味に重なるものであり、淡島寒月[15]、仮名垣魯文、清水晴風[16]といった江戸っ子たちにより、内輪の収集趣味のネットワークが広げられていった。中でも彫刻家で東京美術学校の設立に協力した竹内久一[17]は、その江戸趣味ぶりで知られていた。海野美盛[18]は竹内を「江戸趣味の生字引」であったとし、本にも記録にもない江戸時代のことをよく知っていたと回顧した[19]。竹内は、象牙彫刻を川本州楽のもとで学んでいるときに体調を壊し自宅療養となり、父と相談して浅草森下町に骨董道具店を出す。このとき、好古家とのつながりができ、骨董品への鑑識眼を養ったことが、のちの収集趣味を支えていく。根付、煙管煙草入、火消、千社札、錦絵、着物、看板、下駄、団扇袋物、提物など、江戸時代のものなら何でも詳しく、熱心に収集した。

竹内は『書画骨董雑誌』にもたびたび寄稿しているが、その中で自らの骨董趣味の歴史とともに「元禄会」について言及している[20]。それによると、山東京伝の骨董集から得た知識がきっかけで珍本の収集を始め、松浦武四郎の影響もあり骨董への造詣を深めていく。当時、日本で結成されたばかりの考古学の「一寸まァ、あゝした普通の骨董家よりも高尚な側の研究に努めている人々の會」にも顔を出すが、学術的すぎるということで、より趣味的な骨董の会を結成した。メンバーは、清水晴風、篠田千果、畠山是真らで、「尚友会」という名称であったが、一般には「元禄会」と呼んでいた。のちの集古会は、この元禄会の流れを汲んだものであった。元禄会という名は、収集されていたのが赤穂義士など元禄の頃のものが多かったことに因んでいたという。具体的には義士に関するもの、浮世絵、黄表紙、蒟蒻本、紀伊國屋文左衛門が使った蝋燭の灯し残り、近松門左衛門の使った机などで、さらには享保や天保頃の平賀源内の肉筆なども含まれるようになっていく。収集活動を通じて元禄文化に詳しくなった竹内は、書物の知識から元禄風の着物や下駄を作り往来を歩いたという。[21]

先にも述べたように、明治はまだ美術の概念が定まらず、「書画骨董」という名のもとに、古い貴重な書画も、マニアが収集対象とした「ガラクタ」も渾然一体となっていた。このあとに収集ブームが起こる人形も、初期にはまだ安価で古いものが多く残っており、珍本や浮世絵なども安価だった。竹内は元禄会のことを「棄てられたる趣味を拾ひ上げんと企てられし會合」であり、「廃物利用」をしていると述べている。実業家たちが没頭する高価な書画や茶道具は別として、玉石混交のガラクタから良いものを探し出すマニアックな「目利き」の能力さえあれば、財力がなくても参入できるのが、この趣味であったといえる。「私の趣味は即ち讀んで字の如く骨董趣味である。ごもく趣味である。何を毛嫌ひと云ふ事も無く、吉原物御座れ、芝居物御座れ、魚河岸もの結構と云ふ調子で聚めて居ました。」[22]と竹内自身が述べるように、範囲を特に定めない幅広い収集の在り方は、あくまで道楽的であった。

この記事の書かれたのは、三越呉服店を中心に元禄模様が流行した明治末である。明治三〇年代末頃から三越が仕掛けた元禄模様の流行や光琳ブームは江戸趣味の気運から創り出されたもので、江戸文化を愛好する人々が多い流行会の中で、一九〇五年（明治三八）には戸川残花を中心に「元禄研究会」が店内で開催されており、第一回研究会には福地桜痴、角田竹冷、清水晴風、正木直彦、鳥居龍蔵による演説が行われた。一九一二年（大正元）には流行会の分科会「江戸趣味研究会」が組織された経緯については、別の機会に述べたとおりである。(23) 幸田露伴、佐々醒雪、邨田丹陵、塚原渋柿園、中内蝶二、井上劍花坊、斎藤隆三、久保田米齋、饗庭篁村、伊原青々園から成る江戸趣味研究会では、天明時代の黄表紙から当時の風俗や言語を抜粋し、演劇、音楽、遊郭、飲食、遊戯、服飾など十数項目に分類し、各委員が得意分野を担当して研究を進めた。

三越の江戸趣味について、竹内は随分可笑しいものがあると指摘するが、この時代様式をリバイバルさせ、次々と生み出された流行商品に見られるいかがわしさについては、むしろ寛容であった。

「明治の元禄だもの本當の元禄時代から見ると、妙に違ゐ無い、明治の桃山、明治の鎌倉、皆同様である。然し試みたるや宜し。温故知新。強、古いものを骨董とのみ思ふのは大間違ゐである。宜いものならいつでもいゝに定まつて居る」(24)

この言葉に表されているような古いものへの柔軟な態度は、消費社会の黎明期、呉服にとどまらず雑貨やインテリアにまで及ぶさまざまな商品への歴史表象の積極的な再利用へとつながっていく。
竹内久一のような人は、古き良き江戸を懐かしむ江戸趣味の風潮が高まる明治には貴重な「江戸の生き字引」として歓迎された。玉川鵜飼や淡島寒月などもそうした人種として知られ、彼らは手に入れた珍品・古物を「知ってるかい」といっては人に自慢して見せ、話の種にしたという。山本和明は、こうしたモノを介して人々が集まり、モノが話の種をまき、人々の間に共有意識を生み出すという点が、趣味の会の特徴であったと指摘する。[25]身分の分け隔てなく、平等な関係の車座になって談話する少人数の会の持つ魅力が多くの人々を惹きつけることになった。[26]
自身が幕臣として江戸時代を体験している歴史小説家の塚原渋柿園[27]も、やはり「江戸の生き字引」で、三越の元禄研究会、流行会などにも参加し、「幕末に於ける武士の風俗」（一九一〇年九月八日）、「江戸時代の手習師匠」（一九一一年一〇月一〇日）、「予が知れる刀装の沿革」（同年一一月八日）など、江戸時代の風俗に関する講演をたびたび行い、江戸趣味研究会でも江戸風俗の資料を作成するのに貢献している。渋柿園にとって江戸は断絶した過去ではなく、講演では自らの記憶に基づく実体験が紹介された。小説家としては後世に評価されることもなく、今日ではほとんど忘れられている渋柿園であるが、同時代の江戸趣味の人々からは彼の体験談は重用された。こうした状況を瀬崎圭二は、江戸を直接知る人も少なくなった明治末には、江戸を直接知るという渋柿園の「アウラ」が効力を発揮し、人々を引き付けたのだと述べている。[28]そして、江戸との物理的な距離ができ、また、日露戦争後に都市部に興ってきた消費文化は「江戸を趣味として消費する感性」を育てることになったと、結論づけている。

一部のマニアたちによって作られた江戸を懐かしむ趣味人の嗜好が、明治末になると百貨店という場を介して消費文化につながっていく準備が整えられていったのである。

集古会

明治中頃になると日本でも考古学、人類学が学問体系として整えられていくが[29]、そのような中にあって一八九六年（明治二九）、日本で人類学の礎を築いた坪井正五郎を中心に、当時、東京帝国大学の助手を務めていた林若樹[30]らを発起人にして「集古会」が結成された。「談笑娯楽の間に考古に關する器物及書畫等を蒐集展覧し互に其の智識を交換する[31]」ことを目的とした集古会は、坪井の「人類学では堅過ぎるから、少しくだけた集をしやう[32]」という言葉の示すとおり、学問的な古物への関心とは一線を画していた。

会の主な活動は、互いに持ち寄った古物を品評する「集古談話会」で、土偶や石器時代の鏃、古い商標、印譜類、玩具など、テーマに応じた会員所有の古物が出品された。会の中では考古学的なものに学問的な関心のある「石器派」（図1－3）と、マニアとしての古物収集の傾向が強い「元禄派」（図1－4）の二つの勢力があったが、全体としては後者の方が多く支持されており、「其談ずる所は

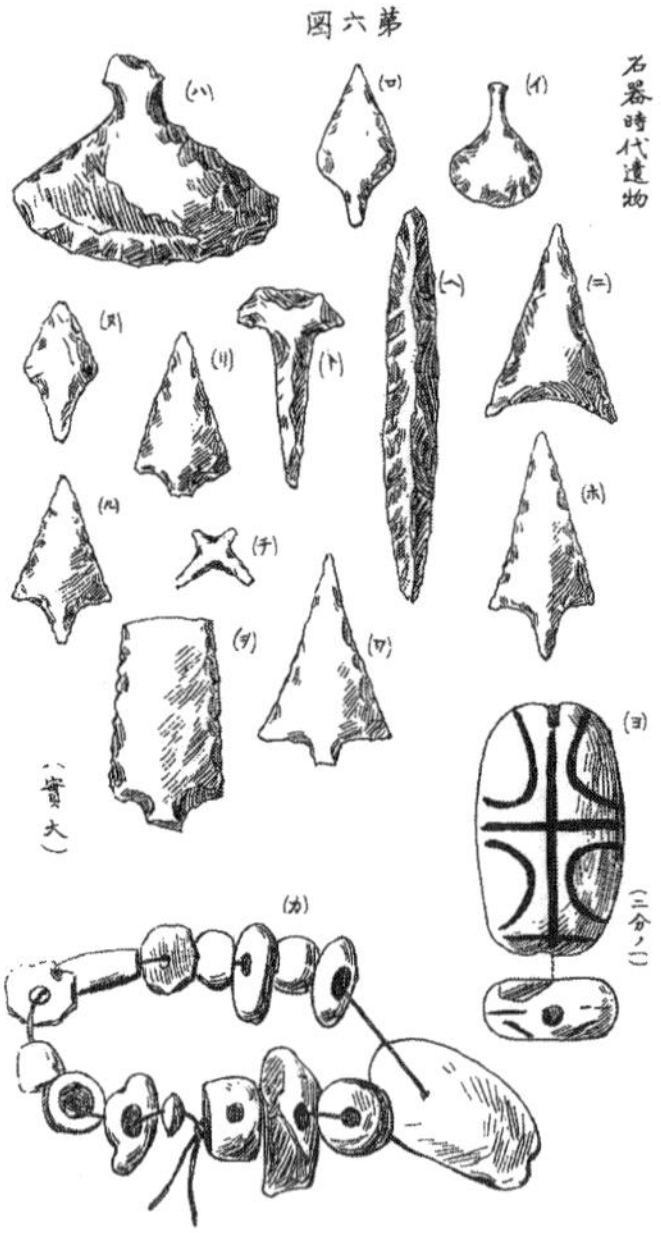

図1－3　石器時代遺物（『集古会誌』明治29年11月より）

図1－4　だるま（『集古会誌』同前より）

必ずしも深遠の學理にあらず又必ずしも新奇の論説にあらず感ずるに従ひ思ふに就き相談じ談笑の間に知識を交換」という会の趣旨は徹底されていた。[33]

明治三〇年代までの主なメンバーを見ると、発起人の林若樹、八木奘三郎らのほか、坪井正五郎、山中共古、根岸武香、清水晴風、巌谷小波、遅塚麗水、久保佐四郎、西澤仙湖など、同時代の趣味のネットワーク上の重要人物が多く含まれている。一時期参加していた柳田国男が後年、集古会の大勢が金持ちの道楽者である「元禄派＝趣味派」――すなわち竹内のいう元禄あたりの事物に何でも関心を持ち収集するような人々――に牛耳られていることを批判したが[34]、発足当初の考古学派が、晴風など好古派の勢いに押されていったことは事実である。そして、集古会の中で人形玩具収集は「元禄派」を代表する趣味のカテゴリーとなっていくが、古物収集趣味から人類学、考古学、民俗学などが次々と学問として自律していく中、玩具収集はどの学問領域からも疎外されていくことになる。膨大な知識の蓄積があっても、それが学問体系化されていかない、まさしく「マニアの知」の象徴ともいえるのが、人形玩具趣味であったといえるだろう。

人形玩具収集趣味の展開――大供会の活動記録から

江戸後期には、各地で土着の玩具が土産物として生産され、一部国内で流通するようになっていたが、明治に入り、大久保利通による古い玩具の排斥と西洋的な教育玩具生産の奨励が進む中、この動きに対抗するように、古い人形玩具を愛好する動きが起こっていった[35]。のちに「郷土玩具」と呼ばれるようになる古い土着的な玩具には当時はまだ定まった名称はなく、「古玩」「大供玩具」「土俗玩具」などさまざまに呼ばれていた[36]。

明治初め、近代化の流れに抗うように、玩具に凝縮された古い日本の文化が人々の関心の的となり、愛好の対象となっていった。早い例としてしばしば挙げられるのが「竹馬会」である。一八七八年（明治一一）頃から、竹内久一の呼びかけで、お題に因んだ食物を持ち寄り、味わって批評する「遊食会」が開催されており、一八八〇年には「玩具」がお題として出され、「子どもの時分に返って一日を無邪気に送る」というテーマで向島の料亭で会が開かれた。参加者は竹内のほか、仮名書魯文、林若樹、大槻如電、淡島椿岳、淡島寒月、坪井正五郎、清水晴風で、自分たちが趣味で集めていた古い玩具を見せ合って楽しむという趣向が好評を博したため、以後も同じテーマでの会が企画され、参加者にはさらに巌谷小波や尾佐竹猛らが加わっていった。中でも参加者の一人清水晴風は、この会をきっかけに古い玩具の収集に没頭するようになり、その成果を一八九一〜一九一三年（大正二）に刊行された図集『うなゐの友』[37]（図1-5）にまとめ、集古会や大供会にも積極的に参加し、坪井とともに玩具マニアとして知られるまでになった。こうした、たわいもない余興に人々が集う理由について、斎藤良輔は「『旧弊』の名のもとに消えていく伝統的な人形玩具に寄せる感傷の現れであり、同時にまた新興の藩閥社会への反骨精神[38]」であると、指摘している。

集古会の中でも特に人形玩具を愛好する清水晴風、林若樹、久留島武彦、坪井正五郎、西澤仙湖[39]らによって一九〇九年に結成されたのが「大供会」である。人形玩具に関する知識の交換を目的とした小さな会で、会合もメンバーの自邸の持ち回りで行われている。この大供会については、『集古会誌』のほか『三越』『家庭と趣味』にも記事が掲載されており、それによると初期の会の概要は以下のとおりである。

図1-5　ずぼんぼ（『うなゐの友』より）

一九〇九年五月　第一回　西澤仙湖宅[40]
参加者：西澤仙湖、清水晴風、久留島武彦、水谷幻花、石倉米豊、久保佐四郎、磐瀬玉岑
内容：「人形の類別を正し、各地の名称を調査して兼ねて同趣味間に於ける一定の名義を立つる事」

一九〇九年一一月　第二回　清水晴風宅
参加者：清水晴風、西澤仙湖、久留島武彦、水谷幻花、石倉米豊、廣瀬辰五郎、

宮沢朱明
内容：「御所人形」の命名
一九一〇年一月　第三回　林若樹宅
参加者：林若樹、坪井正五郎、和田仙吉、久保田米齋、西澤仙湖、清水晴風、内田魯庵、幸田成友、久留島武彦、磐瀬玉岑、廣瀬辰五郎、宮沢朱明、赤松範一、三村清三郎、岡田村雄
内容：子どもの唄（ちん、わん、ねこ、にゃあ、ちゅうなど、子ども特有の擬音や言い回しについて）、土焼の玩具
一九一〇年二月　第四回　清水晴風宅
参加者：清水晴風、西澤仙湖、林若樹、廣瀬菊雄、フレデリック・スタール（途中から参加）
内容：予定していた天神講、寺子屋等についての談義は参加者が少ないため、途中参加のスタールを交えた余談が中心に
一九一〇年四月　第五回　フレデリック・スタール博士寓居（本郷）
参加者：壽多有（スタール）、清水晴風、西澤仙湖、宮沢朱明、久留島武彦、淡島寒月、廣瀬辰五郎、竹内麟也、梶原通訳
内容：屋外遊戯（羽根つき、竹馬、独楽など）
一九一〇年八月　第六回　清水晴風

参加者：清水晴風、久保田米齋、林若樹、岡田村雄、廣瀬辰五郎、西澤仙湖
内容：晴風還暦賀会の打ち合わせ

参加者は第三回が一五名と多いが、大体は七〜八名による小規模で私的な集まりである。しかし、これが明治末頃から変質し始め、外に向かって自分たちの趣味を発信する動きが見え始める。一九一一年一一月には、大供会主催の人形展「人形一品会」第一回が神田青柳亭で開催された。会員が一人一品ずつ、自慢の品を持ち寄る、という江戸以来の趣味の会のスタイルを発展させた展覧会で、同展覧会は一九一二年一二月の第二回を三越で開催しており(41)（図1-6）、一九一九年までは三越呉服店が会場となっている。三越の児童用品研究会や流行会に大供会のメンバーが参加している縁であったといえるが、このとき、どこかの料亭ではなく百貨店が会場となったことで、大供会の趣味は広く百貨店の顧客である中間層に直接伝えられることになる。

一九一三年に清水晴風と坪井正五郎が、翌一四年に西澤仙湖が次々と亡くなり、初期の中心的なメンバーを失うことで、会の性格は内輪の会から脱し、より組織的な活動を展開するようになっていくことがわかる。一九一三年一二月開催の第四回展では、坪井、清水、西澤の「追悼記念展覧会」も開催され、その後やや中断をはさみ、一九一六年五月には「人形玩具逸品会」と名を変えて再開する（図1-7）。この頃から、大供会の変質はより明確なものとなっていき、後述するように、一九一六

図1－6　人形一品会に出品された浮世人形（1913年、『三越』第3巻第1号より）

図1－7　人形玩具逸品会（1916年、『三越』第6巻第6号より）

年、会は一般からの会員を募り、組織としての体裁を整えるようになっていく。展覧会も会員所有の自慢の品を持ち寄り、自分たちが楽しむという趣旨から、より珍しい「逸品」を広く集めて来場者に展示する、という内容にシフトしていく。「頭が禿げても、また鬢に霜を帯びても、小供以上の小供らしい心を失はず尚も人形や玩具に憂身を窶すといふ、稍現代離れのした好事家から成り立つて居る大供会(42)」というような言葉が示すように、大供会の本質的な「たわいなさ」は継承されているが、次第に百貨店の商業主義の影響を受け、同時にその資本力を利用するようになっていく。一九一八年（大正七）二月の第七回展は、雛および雛に因む品に限定し、同時期に店内で開催されている雛人形陳列会とのタイアップが試みられた。全国の人形愛好者から自慢の逸品を募集したところ、嵯峨人形、御所人形、木目込人形、置上人形、型抜、練物など多数集まり、出品者の中には巌谷小波、高島平三郎、淡島寒月、山村耕花、笹川臨風などの名前も見られる。

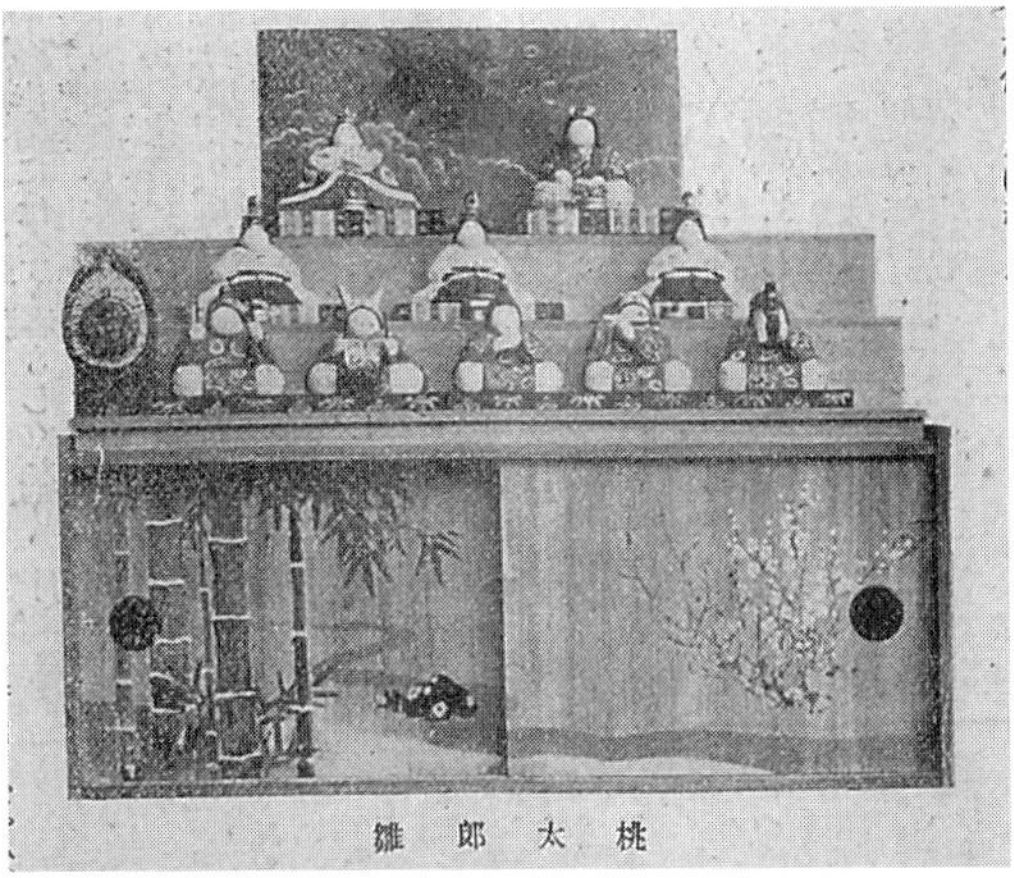

図1−8　新古雛人形陳列会に出品された桃太郎雛
（1920年、『三越』第10巻第4号より）

大供会の活動が百貨店の力を借りつつ佳境を迎え

たのが、一九二〇年（大正九）頃である。同年二月一五日から、三越の雛人形陳列会との同時開催で「新古雛人形陳列会」を開催、古代雛は時代順に数百点が陳列されるが、これに加えて大供会有志が趣向を凝らして自作した新製雛も展示された。久保田米齋「香の図雛」、淡島寒月「スタール雛」(43)、西澤笛畝「芥子雛」などが出品され、中でも注目を集めたのが、桃太郎を男雛に、かぐや姫を女雛に見立てた巌谷小波考案による「桃太郎雛」（図1-8）であった。(44) 4章で述べるような、のちの創生玩具とは異なり、ユーモアを交えて好き勝手に創作していく態度は、むしろ関東大震災後のキッチュな雛人形商品に共通する部分が多い。さらに一九一二年（大正元）に清水晴風が自らの考証に基づいて「若衆立姿」を制作した際に見られた非難もここでは見られず、オリジナルとフェイクとの境界が一気に曖昧となっている。大衆に向けた商品に内包される特性が、すでにこの頃から現れ始めていたことがわかる。

後述するように、この頃の三越の雛人形販売は、子どものための商品という枠を越え、大人の好事家の趣味の対象として消費されるようになっていた。大供会の出品傾向にも、もはや「優良な児童用品」という意図はなく、巌谷のお伽噺の雛さえも、大人の「たわいのなさ」を現わすものであった。このことを裏づけるのが、巌谷の桃太郎雛のその後の展開である。巌谷の桃太郎雛は好事家の間で話題になり、桃太郎とかぐや姫の結婚が噂に上るまでとなり、同年三月二八日、結婚披露会が開催されるに至った。(45) この披露会は大供会だけでなく、三越の流行会、児童用品研究会の共催となっており、芝紅葉館で一五〇人が集まる盛大な宴会が催された。宴会場には雀の官女、犬・猿・雉・兎・鳩の五人囃子を加えた、お伽噺風雛人形だけでなく、大がかりな活人形も飾られ、踊り、長唄、梅坊主一座、三越音楽隊などによる余興と、庭園内の模擬店、さらには弁当と記念品、これらすべて「桃と竹」に因む趣向が施された。「庭の流れに水盥、築山に薪を置いて爺婆を利かせたり、食堂には盛花の桃林、桃の実の灰皿を並べて用意をさせ怠りなし」とあるように、お伽噺の世界観は微細なところまで徹底された。当日は噂を聞いた醸造家から清酒「桃川」が贈呈され、参加者からは祝の歌などが贈られた(46)(図1-9・10)。

この宴会に見られる趣味人たちの「ナンセンス」な世界観へのこだわりと追求は、人形玩具趣味の勢力が最大となった地点であるといえる。同時に、ここまで大きくなった人形玩具趣味は、もはや閉ざされたコミュニティだけの話に終わらず、それを獲得しようとする次世代のマニアを輩出することにもつながった。このときのイベントは、『三越』でも詳細に報告されており(47)、翌一一年には早速、一般顧客向けの「桃太郎雛」(図1-11)が商品化され、三越から発売されている(48)。一部の好事家たちの行動が、こうしたメディアにより内輪の「外側の人々」に伝えられていく様子がわかる。

江戸を懐古する気運の中で興隆した人形玩具趣味は、明治政府への反骨精神から広まっていったとされるが、この趣味にはさらに大衆化に向かう別の要因も内包されていた。茶の湯や古美術収集は、財力と深い鑑識眼が必要とされる、中間層には簡単には手を染めることができない趣味であったが、

図1－9　桃太郎雛と御祝品（1920年、『三越』第10巻第5号より）

図1－10　桃太郎雛が飾られた食堂（1920年、同上より）

これに対し、それほど金がかからず、贋作が横行することもない、わかりやすく鑑賞も容易であった。結果的に、後述するような大衆化の動きが顕著に見られることになったのである。

一九一八年（大正七）に創刊した大供会の機関誌『大供』は、いせ辰の千代紙を表紙に用いた和綴じの冊子で、江戸趣味的なデザインとなっている（図1－12）。創刊からしばらくは雛人形やおもちゃ絵などの記事が目立っていたが、次第に人形玩具に関する記事は少なくなり、江戸時代の友禅や高札など、幅広い内容の文章(49)が掲載された。特に目立ったのが淡島寒月、廣瀬菊雄らによる

図1－11　一般顧客向けの桃太郎雛（1921年、『三越』第11巻第2号より）

図1－12　『大供』1

江戸の話で、雛祭りや端午の節句だけでなく、七夕、節分、正月といった江戸の風流な年中行事にまつわる詳しい話が紹介されている。大供会において、人形玩具趣味はこうした江戸的な風流嗜好の一部に過ぎなかったことがわかる。これは同時代の骨董趣味全般に共通する態度であったといえる。

2 「良い趣味」を手に入れようとする人々

(1) 紳士論の興隆——明治期の礼儀作法書に見る理想的男性像

台頭する新中間層と紳士

一部の江戸的な趣味人の嗜好は、明治末に新中間層が都市部に増大していくと、彼らの間に急速に広まっていくことになった。日清・日露戦争を経て進行した日本の産業発展は、都市部への人口流入を加速させた。地方から新たに都市に流入してきた人々は工場労働者と会社員となり、新しい社会階層を形成していくが、中でもホワイトカラーと呼ばれる会社員は、新中間層として新しい都市の消費文化の担い手となった。新中間層は地方の下級士族出身者が多く、この頃増加した大学や専門学校で学ぶために上京することになるが、彼らの受け皿となったのが三井など財閥系をはじめとする企業であった。賃金労働者である彼らには際限なく贅沢が許されていたわけではないが、ある程度の経済的な安定の中での「そこそこの生活」が保証されていた。

匿名の人々が行き交う近代都市で暮らし始めた彼らは、外見による自己表現、特に商品によって自身が何者であるかを示そうとするようになる。さらに、流動的で不安定な階層であるがゆえに上昇志向が強い彼らは、貪欲に社会的地位の上昇を目指して良い趣味を手に入れようとした。上流階級のような教養を持たない彼らは、その文化資本の欠如を埋め合わせるため、時間をかけて教養を磨くことよりも、手っ取り早く良い趣味を身にまとうために、さまざまな商品の購入に向かったのである。何を着て、何を持って、どう振舞えばよいのか、これこそが彼らにとっての良い趣味の到達点であったといえる。

産業の近代化は国産の量産商品を生み出し、国内市場の活性化をもたらした。この消費文化を享受したのが、こうした中間層であった。高価な舶来品には手が届かないが、比較的低価格な国産品は彼らが購入可能なものとなる。さらに、次章以下で述べるような高価な書画骨董は難しいがそれに代替する商品で満足するという態度も、まさしくこの延長上にある消費行動であるといえるだろう。本物には手が届かないが、それに近いものを積極的に獲得しようとする彼らを中心に形成されていった状況こそが、近代の消費文化を理解する重要な鍵となる。

このような彼らがまず目指したのが、維新後に移植された西洋的理想モデルとしての「紳士」であり、さらに具体的にいえば紳士に相応しいファッションであった(50)。

紳士とは何か

西洋化が進む明治の日本における男性の文化を考えるとき、「紳士」という概念は重要な意味を持つ。近代日本における「紳士」については、すでに文学や社会学などの領域で詳細な研究が行われている。例えば平田玲子は、近代日本文学に現れた「紳士」を「書生」と対峙させ、それぞれの「ハイカラ」「蛮カラ」といった風俗思想を通して、それらの社会的位相を明らかにしている。[51]「紳士」はGentlemanの訳語で、本来、イギリスの支配者層で人格的にも優れた理想的人物を指す語であったが、一九世紀西洋社会においては近代の理想的な人物像として中流階級全般に広まり、これが明治期の日本にもたらされた。紳士という語は明治中頃から、財界人などビジネスで成功した人物に対して用いられるようになる。竹内里欧はこの日本における紳士像の展開について、紳士に多く言及した礼儀作法書を取り上げ分析を試みている。[52]明治・大正期には多くの紳士論が出版され、また、礼儀作法書にも「紳士」という語が頻出している。竹内論文によると、明治初期から中期にかけて、西洋文化の紹介の一環として西洋の紳士が語られ、その多くが西洋の礼儀作法書の翻訳であったのが、明治末期から大正期になると、礼儀作法書には社会で成功するための処世術として「紳士」になるための情報が多くなり、「紳士」は差異化のための手段となっていく。中でも明治末期から大正期にかけての礼儀作法書に見る、いわゆる「紳士になるための指南書」的傾向は、特に男性の消費への関心を刺激していくことになる。

日本の産業発展が進み、新興の実業家が台頭してくるこの時期、紳士とはいかなるものかを述べた「紳士論」が数多く出版されるようになる。そして、上昇志向の強い新中間層の増大とともに、「紳士」であることは社会的に成功するための不可欠な条件として人々に広く認識されていく。明治末、ビジネスの世界で成功するための社交・交際術が重要視されるようになる中、礼儀作法書もまた、単なる翻訳書ではなく、社交上の秘訣をさまざまに紹介した日本人の著作が目立つようになった。例えば上島長久の『紳士読本』[53]（一九〇三年）では、紳士の定義を「社會の儀表と爲るべき、品格と徳義を兼具し、其體面を完うすべき地位を占むる人なり」とし、その二ヵ条として、「①精神上の要件―高尚な品格及び私利に走らない公徳を有する　②実力上の要件―誰かの保護によるのではなく独立した生計を営み、その体面を維持するに十分な社会的実力を有する」という条件を挙げている。すなわち、内面と物質的な豊かさの双方をかね揃えている人物こそが真の紳士であるという。

また、波多野烏峰の『紳士と社交』[54]（一九〇八）では、戦争による成功者が急増し、巨万の富を得た者が必ずしも人徳を備えた人物ではないという当時の状況を、「悪むべく憐れむべき富豪」と批判している。そして、道徳を実践できる人物こそが、幸福かつ真正な名誉を得られ、人生において真の成功を収めるであろうと、物質的な豊かさのみがすべてになりがちな世相に警鐘を鳴らし、「實に總てに先だち、必ずや當に、好個の紳士たり、好個の淑女たらずんばある可からざるを解せん。蓋し人は、先づ人として成功し、而る後始めて、各種の技術に於て、成功を期待し得ればなり」と述べている。

こうした考え方はこの時期の紳士論に共通するもので、どの著者も、うわべの身なりを整えるだけの風潮には否定的であり、品格と徳の高さを第一とするものが多かった。

ファッション指南書としての紳士論

一連の紳士論においては精神性が強調されたが、実際の書物の構成を見ると、内面の品格を重視しつつも、それに近づくためにはどうしたらよいか、身なりやしぐさ、社交など、その表徴を教示する内容がほとんどであることがわかる。例えば前述の『紳士と社交』では、社交における好ましい人物像から、相手先への訪問時の注意点、会合での心得、適切な贈答品など、紳士的な交際術の詳細な方法が記されている。さらに同書では、その多くの部分を「服装」「化粧」といったファッションに関するアドバイスに割いており、服装における「程度」の重要性を説いている。「服装を以て、社會に於ける有力な紹介状となすが故に、程度に適つた服装は、社交上極めて重要事となすのである。」とし、身分相応の服装を勧める。そして、紳士の目指す控えめなおしゃれともいうべき、ダンディズムの美学こそが、目指す理想的な紳士の服装であると述べている。このような社交のためのファッションは、結果としてさまざまなＴＰＯに応じ、かつ節度をわきまえた衣服の知識を必要とした。同書では、礼服、事務服、散歩服、さらには帰宅時の和服など、さまざまなケースでのファッションを指南している。

この男性ファッションに関する記述は衣服にとどまらず化粧にまで及び、男女を問わず化粧を推奨し、男の化粧について次のように述べている。

「美男子の典型たる、清美なる容貌を有する紳士とは、即ち健康を保維すると共に、其思想高潔、洵に善美なる人格者にして、始めて期待し得るのことで『顔面は心の鏡なり』とは、實に前聖後賢、其思を一にするところ。内に高潔なる人格を有するにあらずんば、斷じて外に、清美なる容貌を有する筈は無いのだ(55)」

すなわち、美しい容貌は、健全な身体と高潔な人格の発露であるということで、紳士に不可欠ということになる。本来なら、こうした身体的特徴は生得的なものであるが、同書ではむしろ「男子最上の化粧法は、即ち健康の美観を得るの方法である」として、人為的に男らしい健康的な「美男子」になるための具体的な化粧方法が紹介されている。そして、艶やかな頭髪、疲れていない澄んだ眼、雪のように白い歯、清潔な身体をどうやって獲得するか、相応しい香水をどのように身につけるかなど、詳しく説明されている。

平田論文も、この種の紳士論に服飾に関する事項が多い点を指摘している。「『紳士』の服飾風俗は、近代的知識と財力とを特権的に所有していた『紳士』の社会的地位と密接な関係のなかに形成されたものだった」と平田が述べるように、紳士を目指す男性が洋装に関する格式の知識を得ることは、彼らにとって西洋＝近代という文化資本を獲得することを意味していた。また竹内論文では、明治末期の紳士論が、初期の西洋文明の紹介という内容から次第に処世術的な内容に移っていったことが指摘されているが、この時期、社会で出世するためにうわべの身なりは重要な意味を持ったことは疑いなく、精神的卓越性といえども、表徴としてわかりやすく見えるものでなければならなかった。結果として、この時期の紳士論には、多くのファッション情報が盛り込まれることになったと考えられる。

こうした傾向は、『紳士之顧問』[56]（一九〇六年）では、さらに顕著になる。欧米滞在経験のある著者が洋服に関する知識を解説している同書では、交際に役立つファッション情報を提供している。ここでもまず、「内面に紳士の品格を有する者は自然其外面も亦た人の厭忌を誘引するが如き粗貌は爲さざる筈である」と、精神的な品格の重視が説かれるが、現実には外形に気を払うことを勧めている。礼服、畧（略）服、通常服、さらに細かいフロックコート、燕尾服などの種別の説明など、最新の紳士ファッションがイラスト図版で紹介されている（図1－13）。

さらに、明治末期に出版された紳士論の中には、紳士服店が洋服の普及活動の一環として刊行された商品カタログ的な本も加わり、よりいっそうファッション雑誌的傾向が強まっていく。

例えば『紳士の服装』[57]（一九一一年）は、東京の洋服店・関根商会が発行しており、ここでもほかの紳士論同様、紳士の服装とはどうあるべきか、ファッションが紳士の精神論に依拠しながら語られている。流行遅れや古びた服装では紳士の体面を保つことができない、内面の優れた紳士であっても皆自らの衣服に気を使っていると述べ、ファッションに気を遣うことを肯定している。ただし、あまりに流行を追い求めて、衣服道楽に走るのは紳士として相応しくないとし、紳士の理想とするファッションを、「正装せる紳士は毫も他人の視線を引かず」というイギリスの小説家の言葉を引用しつつ、「其人の地位風采等に適した服装は、目立たぬもので。即ち紳士らしき服装をすれば、よいのである。」としている。しかしながら、洋服文化にまだ馴染みのない当時の日本人男性にとって、こうした控えめなダンディズムを前提にした、細かな差異に満ちたファッションは、その差が見えにくいものであり、だからこそ簡単に習得できるものではなかったはずである。同書ではこうした人々に対し、非常に詳細なファッション指南がなされている。事務服、訪問服、礼服、散歩服といった生活場面に応じた衣服の存在を紹介するのはほか

図1-13　紳士ファッション
（『紳士之顧問』より）

の本と同様だが、ここではさらに細かな情報が続く。モーニング、フロック、タキシード、燕尾服などの説明に始まり、外套、ズボン、チョッキ、シャツ、カラー、ネクタイ、靴、帽子、手袋、ハンカチーフ、香水など、男性の洋服に付随するさまざまな商品の解説が、商品カタログの役割を果たしながら、掲載されている。同書が紳士服店による洋服普及活動の一環として出版されたことは明らかであるが、紳士に憧れる消費者にとっても特に目立たない差異を求められる紳士服において、こうしたファッション情報を紹介している出版物は、貴重なメディアであったことがうかがえるだろう。

こうした男性のファッションへの関心が紳士＝gentleman を軸に展開した事実は、男性の理想モデルとして西洋の紳士が設定され、男性洋服が主にイギリスからもたらされたことを考えれば当然であるといえるが、これを志向したのが当時の日本での上流〜中流上層階級であったことも考慮すべきであろう。平田や竹内のいうように、洋服に関する詳細なコードが、西洋＝近代的知識を獲得できる彼らの特権的な地位を顕在化させる手段として積極的に用いられていたと考えられる。

さらにこの節度を重んじる紳士というモデルの採用の背景として、この上流〜中流上層階級の出自の多くが武士階級であったことも大きいと考えられる。先述の『紳士と社交』では、その紳士のファッションを、日本の江戸趣味と重ね合わせて語っている。ここでの江戸趣味とは、「金が懸つたやうに見えず、而もよくよく見れば、どれ程金が懸つたか底が知れぬ」という類のもので、紳士のダンディズム的美意識は、日本人が持っている江戸時代の寂び、渋といった美意識とも通ずると著者は指摘している。この時期の紳士論には、江戸趣味、あるいは武士道に言及してその共通点を語るものが少なくない。明治後半になると、急激な欧化政策の反動から江戸趣味が一部知識人の間で復古し、また、新渡戸稲造『武士道』（一九〇〇年）に代表されるように、精神的な理想像として武士道が注目を集めるようになっていく。竹内は、日本の武士道が歴史的な文脈と切り離され、西洋の紳士と対応関係に置かれていることについて、現実よりも理念を重視した抽象的紳士像が、結果的に日本の伝統と等値にし、それにより「近代初期の日本人が『西洋』という努力目標に向かって邁進することを容易にさせる日本の近代化の文化戦略」が可能になったと述べている。士族出身者であった紳士を目指す当時の男性にとって、武士道に依拠した理想モデルの形成は、馴染みやすいものであったはずである。

しかしながら、この武士道において、過度に服装に気を払うことは、本来、その理念に反するはずである。当時の紳士論が精神論を重視しながらもファッション情報を多く採り込んでいったのは一見矛盾するように思われるが、この武士道的精神論なくしては、武士階級出身の明治の男性はファッション消費に向かうことができなかったのではないかと考えられる。すなわち、紳士が武士と結び付くことによって、紳士になるための努力が肯定されていくのである。平田のいうような、過去と断絶した抽象的で曖昧模糊とした「武士道」、あるいは「江戸趣味」だからこそ、こうした指南書に盛り込まれ、当時の男性を消費行動へ向かわせたのではないだろうか。

以上のようなことからも、明治期の紳士論・作法書の一部は、男性にとってのファッション情報出版物として機能していた事実は明らかである。同じ時期、女性の呉服は百貨店などを中心とした資本による流行操作が始まり、女性は近代モードのシステムの中に巻き込まれていくが、これは男性も同様であった。ただし、女性と決定的に異なるのは、男性消費が「紳士」という精神的卓越性を拠り所にした、より屈折した消費の形式を取ったことであった。

初期において「紳士」を目指したのは上流～中流上層階級であり、彼らの多くが先述したような財界で成功を収めた人々であった。しかし間もなく、「紳士」を目指す人々はより広範な中間層へと広がっていく。百貨店の顧客である中間層に理想として映ったのは、財界の名士たちであった。その贅沢な茶の湯や古画骨董収集、さらに江戸趣味的な人形玩具などの収集といったディレッタントの行為には、まさしく男性的な「こだわり」や「本物志向」が凝縮されており、一般男性に足りない何かを埋め合わせてくれる趣味のモデルであった。百貨店は一部の趣味人の世界を一般消費者へと媒介する場として機能していくことになる。そして、彼らの憧れる趣味人たちの世界もまた、当然のことながら男性中心のネットワークであった。自分たちもそこに近づきたいという同一化のエネルギーが、初期の百貨店での良い趣味を規定する力となっていたのである。

(2) 初期消費文化の主役は女性なのか?

『学鐙』に見る男性消費文化

近代初期の消費文化の主役というと、華やかな呉服を競って買い求める女性を思い浮かべるが、実際には男性の消費も大きな割合を占めていた。特に新しく出現した百貨店やその他の商店に直接足を運び、陳列された商品を眺める機会が多かったのは、外出機会の多い男性であった。この頃の男性の消費の実態を明らかにしてくれる貴重な資料が、丸善の機関誌『学鐙』である。

戦前期、男性向けのファッション専門誌はまだ生まれていなかったが、それに相当する役割を果たしていた男性向け雑誌は存在していた。その一つが、丸善の『学鐙』であった。明治期から近代的な経営を展開し、内田魯庵を中心に編集された質の高い機関誌を発行していた丸善は、「殿方の丸善、御婦人方の三越」と並び称されるように、戦前期の男性消費文化に大きな影響を与えた書店である。寺田寅彦が「丸善と三越」で指摘したのは、あらゆる精神的なものを供給する丸善に対して、あらゆる物質的なものを供給する三越という図式であった。

寺田寅彦のエッセイ「丸善と三越」(58)は、男性消費の近代的特徴を理解するうえで重要な手掛かりとなる。「丸善がＰ君のいふやうに精神の衣食住を供給して居るなら三越は肉体の丸善と云つてもいい譯である。」と述べる寺田は、丸善をあらゆる精神的なものを供給する場であり、三越をあらゆる物質的なものを供給する場と考える。ここで寺田は明らかに、前者が男性的消費であり、後者が女性的消費であるという捉え方をしている。すなわち、男性的消費とは、消費的関心を理性的に抑制しうる理性的人間によるものであるのに対し、女性的消費とは、精神生活よりも物質生活を重視し、非合理的で抑制のきかない熱狂の中で、過剰な消費を繰り返すものだ、というジェンダー的な消費の特性を指摘した。

しかしながら現実には、男性もまた消費社会の中での商品世界に新たな価値を見出すようになっていた。エッセイは寺田が丸善店内で書籍を探索するいつものコースを紹介するという内容だが、その探索途中に通る、ある売り場について、彼は違和感をもって次のように記述している。

「正面をはいつた右側に西洋小間物を売る区画があるが自分はついぞ此處を覗いてみた事がない。どういふものか自分は此處だけ、他所の商人が店借りをして入り込んで居るやうな氣がする。どうして此の洋品部が丸善に寄生或いは共生して居るかという疑問を出した時にP君は『書物は精神の外套であり、ネクタイでありブラシであり歯磨きではないか、或人には猿股でありステッキではないか。』かう云はれて見ればそうであるが、自分は唯何となく此處を覗く氣にならないで何時でもすぐに正面の階段を登つて行く、そして二階の床に両足をおろすと同時に軽い呼吸切れと興奮を感じるのである(59)」

寺田にとって、丸善に置かれた書籍以外の雑貨用品類は、精神性を重視する男性的消費の空間にあって不釣合いなものと映った。しかし、寺田の不快感とは反対に、丸善ではこうした売り場が明治末以降急速に発展していった。

寺田の考える抑制のきいた理知的な存在としての男性像は、前述した紳士論にも共通して見られた記述である。しかし、これを獲得するためには書物の消費だけでは不十分で、男性は少なからず外観に気を使い、その関心はファッション用品の消費に向けられる。寺田の見解に反し、現実にはこの頃、丸善の店内では書籍以外の雑貨用品類が販売されるようになる。寺田が「どういふものか自分は此処だけ、他所の商人が店借りをして入り込んで居るやうな氣がする。」と違和感を抱く一方で、この洋品売り場は一般男性客の関心を集め、売り場も発展していくのである。

書籍の紹介が中心である『学鐙』にも、洋品雑貨部門の広告が多く掲載されるようになっていく。一九〇三年（明治三六）より文房具など雑貨販売を開始する中で目立つのは、男性の書斎に必要な商品広告である。「先ず如何なる書を備ふべきや」と題し、辞書、地図、全集など書斎に揃えるべき書籍について詳しく紹介している記事からは、書籍自体が男性のステイタスを示す商品となっている様子が読み取れる。すなわち、ここでの書籍は、自らの教養を高めるためのものというよりも、紳士として相応しく見られるための道具と化しているのである。この道具は書籍からさまざまな商品に発展していく。例えば「新式料紙文庫」には、「文明紳士の書室に必ず無かるべからず」というような、

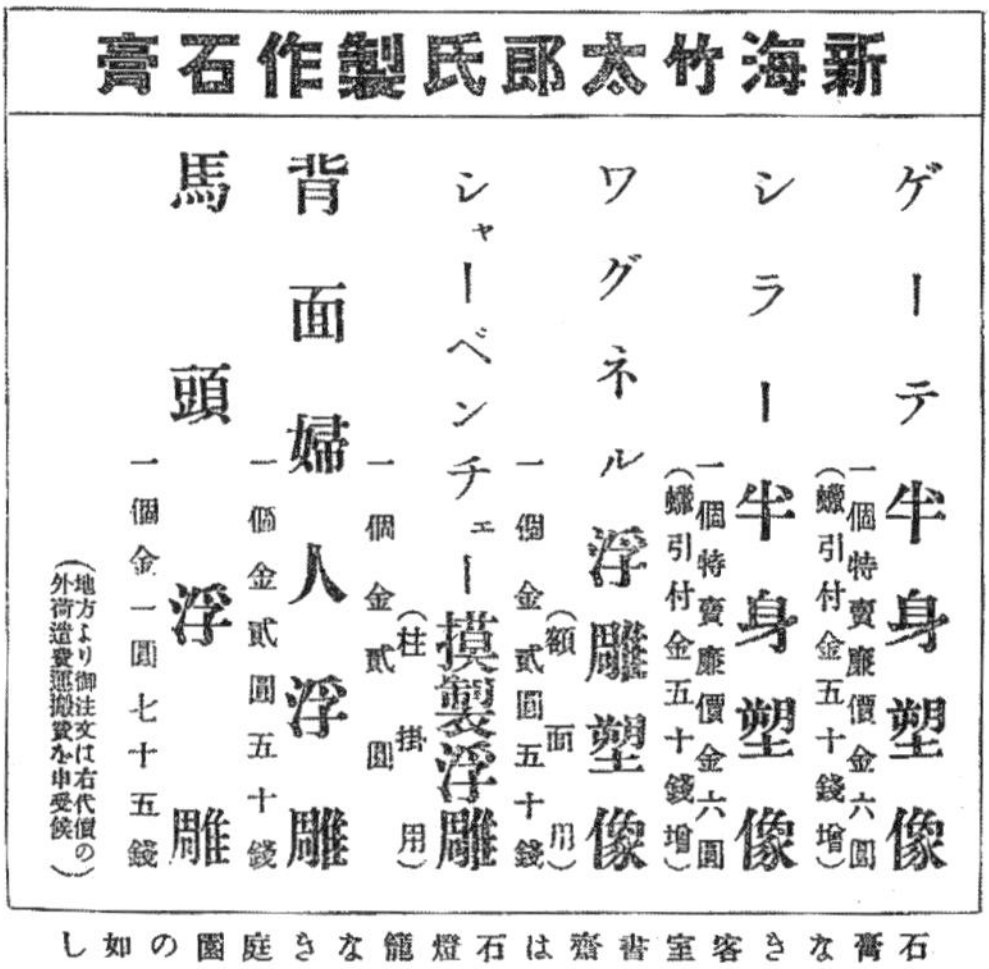

図1－14　石膏半身像の広告（『学鐙』第7巻第10号より）

「紳士の必携である」という主旨のコピーが添えられる。同年には書斎のために「文房粧飾の目的を以て文房用の諸美術品を製作」し始め、新海竹太郎によるゲーテやシラーなどの石膏半身像がオリジナル商品として発売され、そこには「石膏なき客室書斎は石燈籠なき庭園のごとし」と書き添えられている（図1－14）。

寺田の理想論に反して一般男性客は、書物によって自らの内面を高め、精神的卓越性を獲得するだけでは満足せず、紳士に必須であるとされる書斎を物質的に整えることに向かっていったことがうかがえる。さらに一九〇五年から販売を開始した洋品雑貨については、パナマ帽、レインコート、安全剃刀、米国製ゴム湯たんぽ、男性用クリーム、石鹸、歯香水、ひざ掛け、ガウンなど、さまざまな商品が誌面に広告され（図1－15）、大正に入ると流行ファッション商品ともいうべき紳士洋品雑貨が特に目立つようになる。例えば春物のシャツは、「昨年の服下シャツは昨年の物として置き、春の季節には新荷の初物を召させ給へ」という文

図1－15　洋品雑貨の広告（『学鐙』第7巻第10号より）

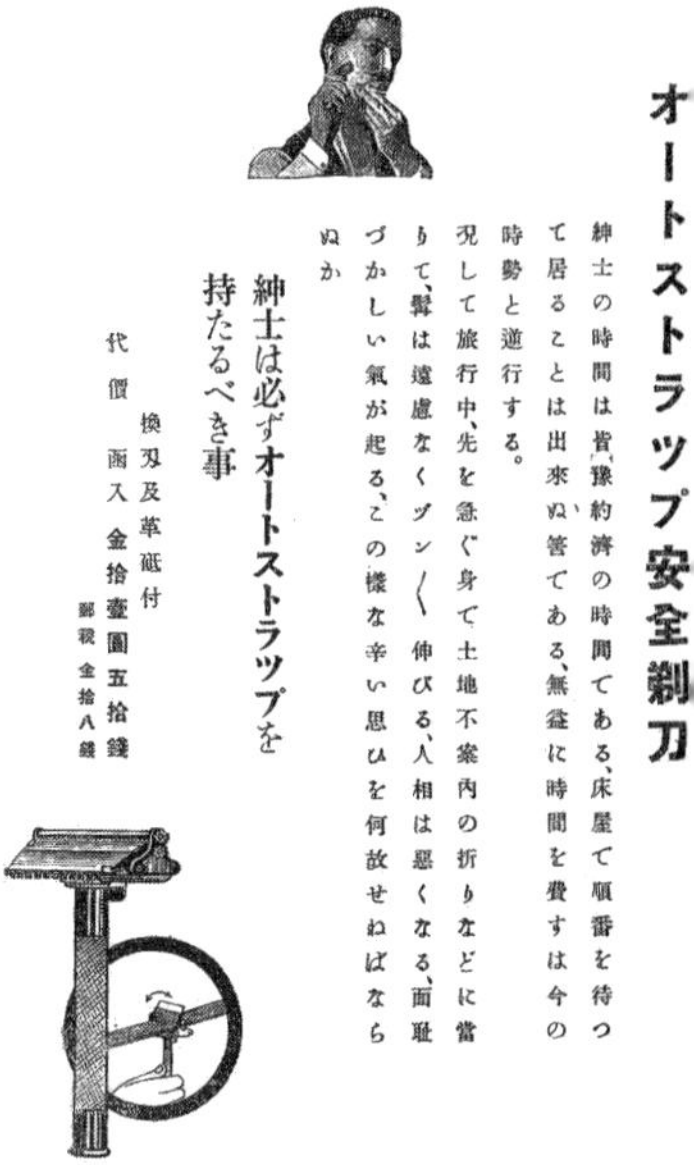
オートストラップ安全剃刀
紳士の時間は皆豫約濟の時間である、床屋で順番を待つて居ることは出來ぬ筈である、無益に時間を費すは今の時勢と逆行する。
況して旅行中、先を急ぐ身で土地不案内の折りなどに當りて、鬚は遠慮なくヅン〳〵伸びる、人相は惡くなる、面耻づかしい氣が起る、この様な辛い思ひを何故せねばならぬか
紳士は必ずオートストラップを持たるべき事
換刄及革砥付
代價　函入　金拾壹圓五拾錢
郵税金拾八錢

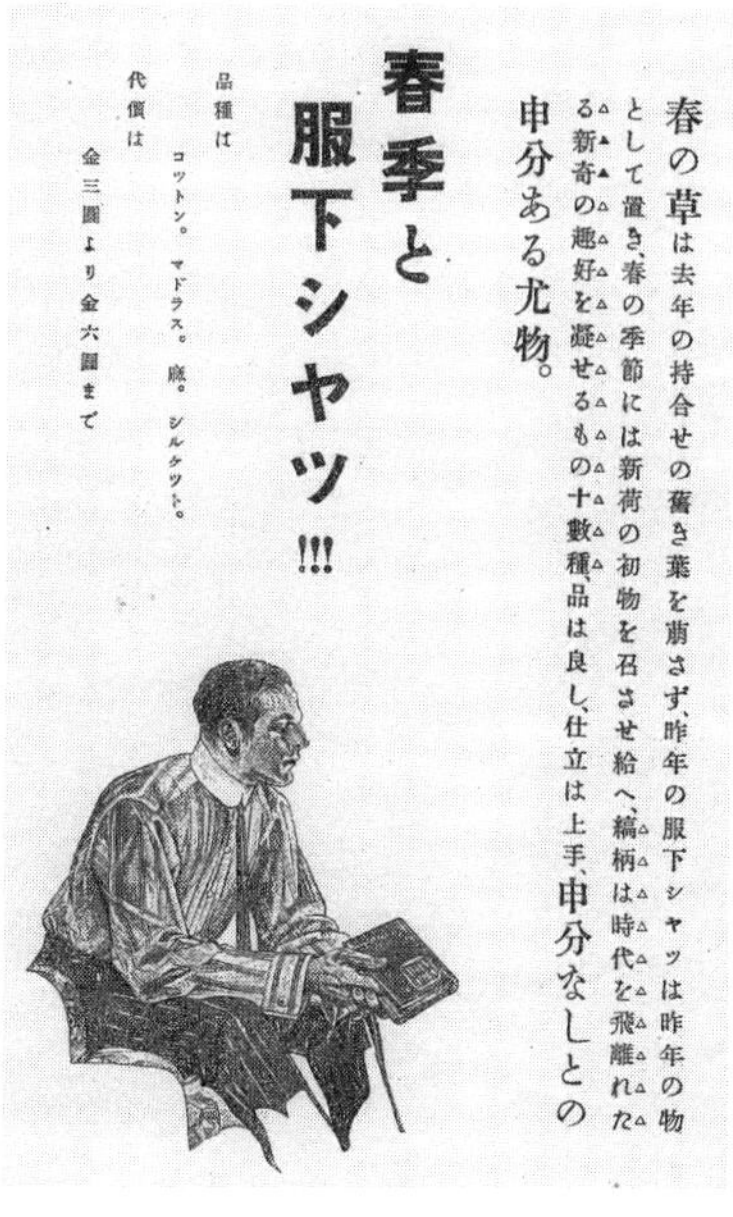
春の草は去年の持合せの舊き葉を崩さず、昨年の服下シャツは昨年の物として置き、春の季節には新荷の初物を召させ給へ、縞柄は時代を飛離れたる新奇の趣好を凝せるもの十數種、品は良し、仕立は上手、申分なしとの申分ある尤物。
春季と服下シャツ!!!
品種は　コットン。マドラス。麻。シルケツト。
代價は　金三圓より金六圓まで

図1－16　紳士用品雑貨の広告（大正2年頃の『学鐙』より）

面が、春の新型の帽子には「春には春の気分がある（中略）重くろしき冬帽を冠つて居るのはおかしくは有るまいか。春には春の帽子がある」というように、流行ファッションの更新を促すような言葉が並んだ（図1-16）。こうした傾向はその後、モダン都市文化が興隆した昭和初期、いっそう顕著になっていく。この都市文化において、都市の盛り場に赴いて消費文化を享受し得たのは、主として男性であった。明治期に社会的地位と人徳を兼備した理想的な人間像として広まった「紳士」は大正期に入り、その大衆化とともに都市部ホワイトカラー男性の消費の指標と化し、「紳士」というモデルが消費のための口実としてさらに積極的に用いられることになった。

百貨店と男性消費者

寺田寅彦は対照的にとらえた丸善と三越であるが、実際にはそれほど対極にあるものではなかった。むしろ積極的に消費を享受していたといえる男性は、はたして本当に女性のお伴で三越に無理やり付き合わされたのだろうか。資料を検証すると、これまで明らかにされていなかった男性消費者の実態が浮かび上がる。

百貨店の一階フロア売り場配置を見ると、例えば一九〇八年（明治四一）、三越本店はよせぎれ室、木綿類、毛織物類、靴鞄類、下駄、洋傘類、メリヤス類、煙草類、帽子部、小児部とあり、よせぎれや木綿など廉価品のほかは、ほとんどが男性用商品である。(60)また一九二五年（大正一四）、開店当時の松屋銀座店の一階フロアでは、鉄道案内所、商品券、洋傘、医療薬品、計量器、ワイシャツ、ネクタイ、靴下、手袋、帽子、ステッキ、煙草喫煙所、化粧品（男女）、メリヤス類、毛布、羽根布団、旅行用品、靴、鞄とあり、ここでも男性用商品がかなりの割合を占めている[61]。百貨店の顔ともいえる一階部分の売り場は、百貨店の主要顧客層に向けられているといえる。今日では婦人アクセサリーや化粧品など、女性用品が大半を占めているが[62]、百貨店草創期から、さらには百貨店の大衆化が進み女性が街に出る機会の増えていくはずの大正末期に至ってもなお、一階にこれほどまで男性用商品が中心の陳列であったことは、戦前期の百貨店は女性ではなく男性を主たる顧客層と考えていたといえるのではないだろうか。

このことを裏づける根拠として、いくつかの証言が挙げられる。

その一つが、東京帝国大学教授の塚本靖の日常生活を細かく綴った日記である[63]。塚本の一九〇七年から一八年までの日記調査によると、自らが三越の主宰する諮問研究会「流行会」「児童用品研究会」の会員だったこともあり、頻繁に三越に行っている記述が認められる。定期的な研究会の会合だけでなく、かなり日常的に通っていることが、日記から読み取れる。彼はそこで贈答品を買い求め、妻子にカステラなど土産を買っており、贈答品の購入は、必ずしも妻の役割ではないこともうかがえる。彼が家庭内で最も外出機会の多い、百貨店に足繁く通うことが可能な者であることは疑いない。こうした男性は、おそらく塚本一人だけではなかったはずである。

また、三越元社員[64]の談話によると、戦後も昭和二〇年代頃までは、百貨店も男性客に大きな比重を置いていたという。戦後もしばらくは百貨店の一階フロアで目立っていたのは贈答品と紳士雑貨であったという話は、戦前のフロア構成と重なるものである。実際、彼が接客したのも、会社の昼休みや帰りに立ち寄る丸の内に勤める会社員男性が多かったという。女性客が増え始めたのは昭和三〇年代に入ってからのことであり、それに伴い売り場も女性中心に変化していったということである。

さらに、銀座通連合会事務局を勤めた石丸雄司は、『私の銀座風俗史』[65]の中で戦前の男性優位の消費について述べている。石丸は銀座の消費形態を、明治から昭和戦前期の「男性主役時代」と高度成長期以後の「女性主役時代」に区分している。戦前期、女性の社会進出がまだごく一部であった時代、女性が家計管理をするようになっていても、その消費の仕方は現代と異なっており、主婦は男性が渡す金の範囲内で生活を賄うことが求められ、そこでの女性の買物の自由は日用生活品などに限定され、贅沢品の購入決定権は男性にあった。石丸はこのような実態を指摘したうえで、明治から昭和初期までの銀座で売られていた商品構成は、靴、鞄、紳士服、帽子、ステッキなど、圧倒的に男性洋品が多かったと回顧する。銀座で目立つ女性用商品は呉服や宝飾などがあるが、これら贅沢品は男性が買い与えるのが普通であったと述べている[66]。「昭和初期に銀座に進出したデパートの一階の売り場は、全部男性物であったことなど、いまでは知る人も少なくなっています。[67]」とあるのは、先述の松屋のことであろう。

女性が消費の中心になるのは戦後も高度成長期以降のことであるという石丸の指摘も、先の三越元店員の談話と符号している。社会で働く女性が増加し、自由になるお金を得るようになって、初めて自由な余剰の消費が可能となったのである。このようなことを考えるなら、戦前期、自ら百貨店に赴き、自由に買物を楽しむことが可能だったのは女性ではなく、むしろ男性だったといえる。にもかかわらず、寺田は三越のような百貨店は理性的な男性的消費と相容れないものと捉え、また、百貨店側も明治末の草創期の時点から、店自体は実際に訪れる男性消費者を客としながらも、広告や企業誌などにおいては女性が主たる消費者であるかのような扱いをしていたのである。つまり、男性は消費の担い手であったにもかかわらず、その存在は歴史的に曖昧にされ、隠されていたということになる。

『学燈』から『新青年』へ——変容する紳士像

明治後期に広まった理想的紳士像と、それに近づくためのファッション消費を促す情報という、相反するかのような言説は、その後の男性の消費に常に何らかの建前が付きまとうもとになった。しかし関東大震災後、文化の大衆化とともに、このような建前を必須とする価値観が一部、崩壊していくことになる。

大正末の都市大衆文化は「モダン」という表層的近代生活を求める人々によって支持され、モボ・モガという新しい風俗を生み出すことになった。大日方純夫はこの時期のモダン・ボーイの象徴的な雑誌として博文館の『新青年』を挙げ、その誌面の変化に注目している(68)。同誌では一九二〇年（大正九）の創刊時は海外探偵小説の紹介が主であったのが、一九二七年頃から当時のモダン風俗を紹介する記事が増えていく(69)。例えば「新青年趣味講座」というシリーズが始まり、社会科学、進化論、天文学、演劇、美術、音楽、考古学、文学、建築学といったテーマに専門の講師が寄稿している。科学、哲学、芸術といった広い教養を身に付けて人格を高めたいと望む、当時の青年の教養主義的な思潮の傾向が強く表れているといえるが、ここには前述の明治期からの精神的卓越性を求める、建前としての男性像との共通点も多く見出すことができる。

しかしながら、この時期の理想的男性像には、明治期の紳士像からは逸脱した部分も多く見られるようになる。震災後の都市部のモダニズムは、日本の西洋志向がヨーロッパからアメリカへと、その文化モデルを移していく中で、文化の大衆化が進行していったということはよく言及されているが、『新青年』でも、この頃から小説だけでなく、ハリウッド映画や音楽、さらには野球やラグビーに興じる大学生のライフスタイルなど、アメリカ風俗全般の情報が多くなっている。人々の関心は、内面の教養というよりも表層的な趣味の世界に向かい、そのアメリカ的ライフスタイルを受容する男性は、前の時期の硬派の象徴である「書生」と対照的なインテリ青年像を形成していった。銀座を中心とする都市文化が発展していく中、ファッションはもはや社会的地位の証としてのみ機能するのではなく、そのときどきの最新流行のモードを採り入れることに重きが置かれ、紳士になるための精神性が説かれることは少なくなる。

このことがよくわかるのが、一九二八年（昭和三）から始まる「ばにてい・ふぇいあ Vanity Fair」というコラムである。男女のファッションを中心とするモダン風俗情報の紹介コーナーであるが、化粧品や靴、ショールやスカーフといったモダン・ガール風の女性のファッション記事だけでなく、男性ファッション記事も同じくらいの分量で掲載されている。このファッション情報コーナーは、一九三〇年になると「ヴォーガン・ヴォーグ Voue en Vogue」と改題し、三八年まで約一〇年間、連載は続いた。

これらのファッション記事を調査したところ、おおよそ次のような内容が確認できた。

1 初めの頃（一九二八〜二九年）は、前の時期の紳士論に盛り込まれたファッション情報と同じく、紳士服の基本知識として、例えばモーニングとタキシードの違いや、帽子や靴などの合わせ方を詳細に説明している記事が多い。例えば靴を紹介するにも、「洋服生活をなさるのならこの位は靴を揃へておかなければなりません」という一文が添えられる。（一九二九年八月）また、同年一一月号には「男子必携」と題し、男性の洋服の細かな付属品についてのルールを記している。カラー、ワイシャツ、カフス・ボタン、ネクタイ、さらには靴下、ベルト、バックル、ハンカチーフ、手袋といった、かなり細かい部分の服飾雑貨にまで説明が及んでいる（図1-17）。この記事においても、「服の型と同様に、流行のある事は勿論です」「どんなものを、身につけてゐたら、

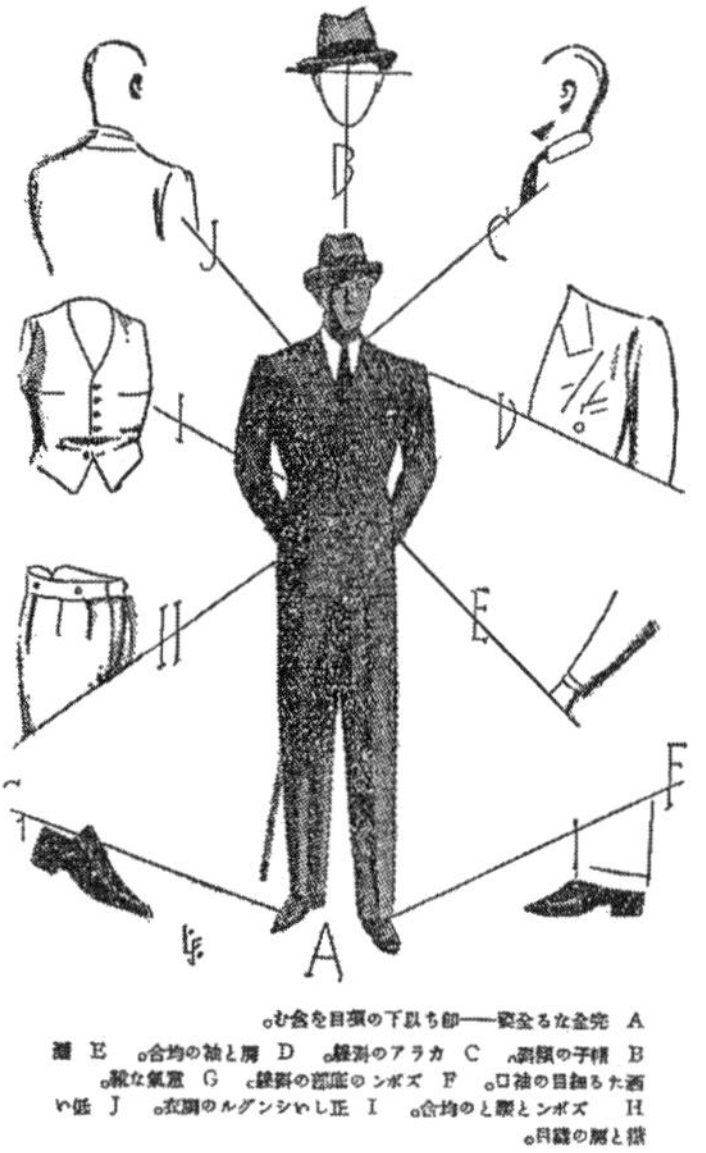

図1－17　紳士ファッションの情報
（『新青年』昭和5年2月号より）

恥ぢないであらうか？」といった言葉が必ず盛り込まれる。

タキシードの説明でも、同様なメッセージが添えられる。

「タキシイド位もつてゐなければ、近代人として、都會人として、恥辱である。晩餐會、舞踏會も、せめてタキシイドがないと、紳士らしい顔をして出席出來ない」

すなわち、ここで注目すべきは、「紳士、あるいはモダン・ボーイになるためには○○が必要」というメッセージ群であり、物質的欠如感を読者に植え付ける手法は、明治期の紳士論や『学鐙』の広告欄と共通するものであるといえる。

2　その年の最新モードに関する情報も多く確認できる。ロンドン、パリ、ニューヨークなどの最新ファッション情報を紹介し、日本のファッションが世界とほぼ同時進行であるかのような印象を受ける記事が目立ち、○○年型と銘打って、新たなモードが微に入り細に入り紹介される。例えば「1929年型」は次のように語られる。

「パンツは二十四吋などと云ふ廣いのは、すつかりすたつてせいぜい十九吋」
「襟は一時流行つた程廣くはなくなりました」
「チョッキは六つ釦で、昨年は一番下の釦を一つかけないでおきましたが、今年は逆轉して、一番上の一つを開けておくのです」

同誌では、男性に対しても何の躊躇《ためら》いもなく流行を追い求めることが推奨されている。一九三二年一月号では人々の「流行」に対する認識が変わったことを指摘し、それまでごく一部の富裕層にのみ必要とされているだけで、『大衆』には關係のない、ぜいたくなものに思はれてゐた。が、今では『流行』は一つの常識だ。」と述べている。

3　一九三二年四月からは実際に「あんさあず・あんさあ」という読者からの質問に答えるコーナーも作られている。「春物の帽子を買ひたいんですが、十圓以下で相當のものがありませうか？その色會社名など御教示下さい。」（賀川生）、「紺のウーステツドのシングルによくうつるクラヴアツの主の主體を御面倒でも御指示お願ひ申し上げます。」（東京・本郷雄）など、男性からの熱心な質問が多いのは、このファッション欄が男性読者から支持されていたことを裏づけていると思われる。ファッションへの「こだわり」の優劣が彼らにとって大きな意味を持っていたことがわかる。

4　一九三二年からは毎号三〜四頁にわたり、ファッション写真が掲載されるようになる。帽子や手袋、ライターなど、これらのほとんどが商品のみの写真か、あるいは頭部の欠けた写真になっている（図1－18）。人物より流行商品をクローズアップさせることに腐心していると考えられる。商品写真には価格や取り扱い店名も記載されており、今日の商品カタログ的ファッション雑誌と酷似している。

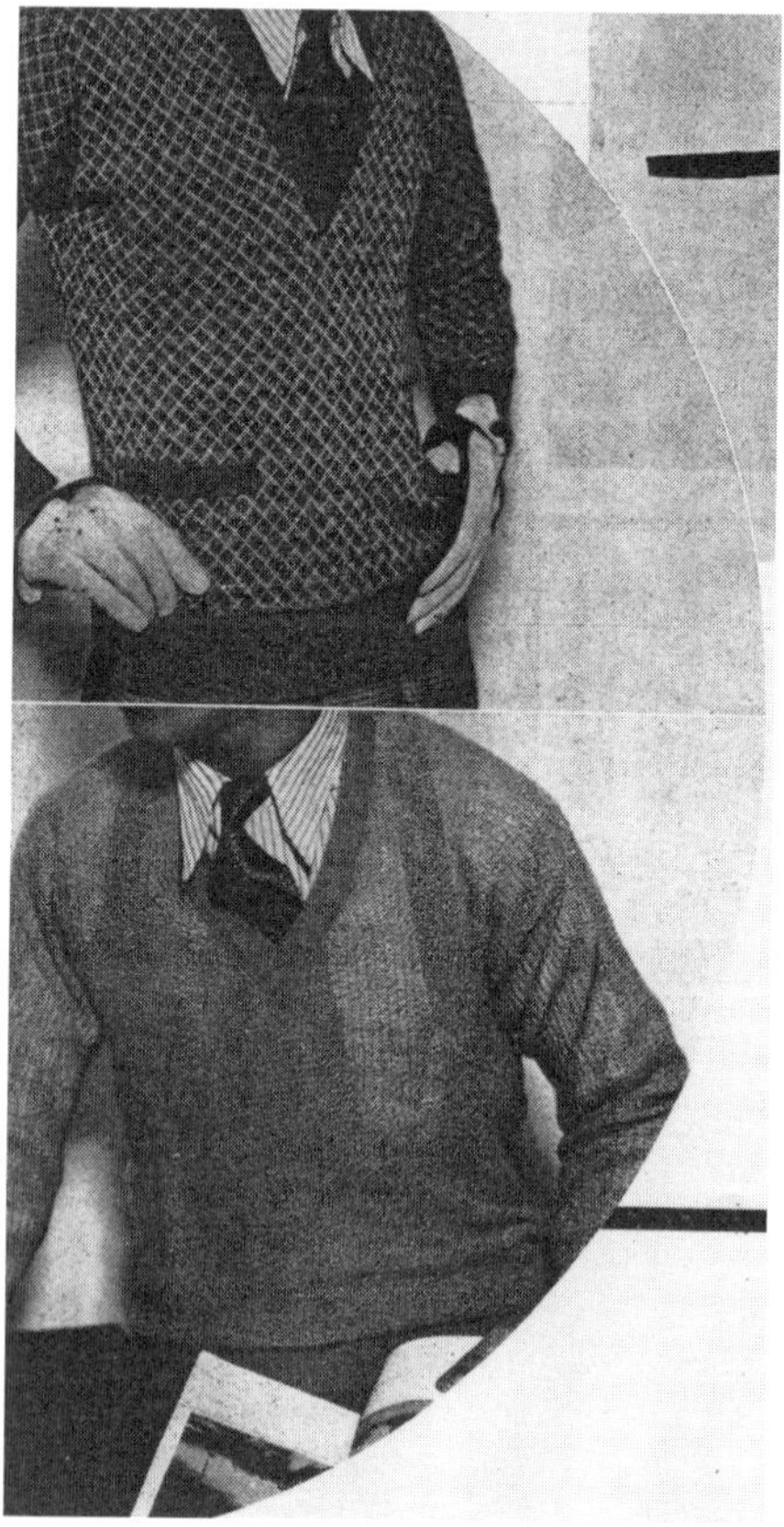
図1－18　紳士ファッションの情報（『新青年』昭和7年2月号より）

これらの記事にはファッション消費の背後に高尚な人格を求める傾向は少なく、ファッションに対して明治期からの紳士論とは明らかに異なる意識を読み取ることができる。理性的と寺田寅彦が称した男性の消費傾向からかけ離れた実像が浮かび上がってくるが、このことを裏づけるのが、前述したような各百貨店の一階フロアに占める男性向け商品の割合である。しかしながら前の時代の紳士のファッションに見られた本物志向や「こだわり」は根強く残っており、より微細なディテールにまで及ぶこだわりの傾向はいっそう強まり、商品やブランド、それらの着こなし方に関する知識が差異化の道具として積極的に用いられている。「真の紳士を目指すこだわり」は、紳士の大衆化とともに「本物の商品へのこだわり」へと転化し、良い趣味の商品を得るためのマニュアル化が進行したと考えることもできるだろう。

明治以降、男性は「紳士」という理想的男性像を支持するダンディズムの美学を建前としながら、そこに到達する手段としての流行のファッションを追求するという、一見矛盾するような消費文化を形成していった。そこには常に「こだわり」「本物志向」という観念が付きまとっていく。初期消費社会を担ったのは、むしろこのような男性たちであった。彼らは外見を重視し、「紳士」に見えるようなファッションを積極的に採り入れようとした。さらに、紳士に相応しい住まいとして書斎や応接間などのインテリア小物にまで、そのこだわりは及んでいった。紳士への憧れが中間層に拡大するにつれ、この理想像は西洋の紳士ではなく明治の成功者・数寄者たちに取って代わるようになった。憧れの世界を獲得すべく消費へと向かった中間層たちこそ、次章以下で述べるような百貨店で提供される「良い趣味」の受容者だったのである。

〔註〕

（1）熊倉功夫『近代茶道史の研究』日本放送出版協会、一九八〇年。斎藤康彦「茶の湯の復興と近代数寄者の台頭」『山梨大学教育人間科学部紀要』一〇、二〇〇八年。斎藤康彦『近代数寄者のネットワーク』思文館出版、二〇一二年。

（2）前掲註（1）熊倉書、七三頁。

（3）高橋草庵（義雄、一八六一―一九三七）慶應義塾で福沢諭吉の教えを受け、時事新報社の記者生活ののち、三井呉服店での店内改革を行い、店の百貨店化の素地を作った実業人。茶人としても知られ、『東都茶会記』など著作を多く残している。

（4）高橋箒庵『東都茶会記』慶文堂書店、一九一四～二〇年。同『大正茶道記』慶文堂書店、一九二二～二八年。

（5）前掲註（1）熊倉書、二六一頁。

（6）高橋箒庵『大正名器鑑』大正名器鑑編纂所、（一九二六～二八年）一九二一～二七年。

（7）高橋義雄『拝金宗』神戸甲子二郎・大倉安五郎出版、一八八六年。

（8）そして昭和に入ると家元制度が整えられる中、女性を中心にさらに大衆化に向かうことになる。

（9）前掲註「はじめに」（8）参照。

（10）田中優子『江戸の想像力』筑摩書房、一九八六年。田中優子『江戸はネットワーク』平凡社、一九九三年。

（11）山﨑美成（一七九六―一八五六）江戸後期の随筆家、雑学者、薬種商。江戸風俗の考証、収集に没頭し、滝沢馬琴らと耽奇会、兎園会などを結成した好事家。

(12) 鈴木廣之『好古家たちの19世紀』吉川弘文館、二〇〇三年。
(13) 戸川残花「日本画の贋物」三八号、一九一一年。岡野知十「贋作の話」一〇九号、一九一七年など。
(14) 内田魯庵「江戸趣味の第一人者」『新潮』一九一八年二月号（『内田魯庵全集　第4巻』ゆまに書房、一九八五年所収）。
(15) 淡島寒月（一八五九―一九二六）作家、画家。江戸趣味で知られ、元禄時代の井原西鶴を再評価した。古い玩具の収集家でもあった。
(16) 清水晴風（一八五一―一九一三）家業である運送業を神田で営む傍ら、玩具収集を始める。「玩具博士」として知られる。林直輝・近松義昭・中村浩『おもちゃ博士・清水晴風』社会評論社、二〇一〇年。
(17) 竹内久一（久遠、一八五七―一九一六）彫刻家。東京美術学校彫刻科教授。帝室技芸員、文展審査員を歴任。古物収集趣味の好事家としても知られる。
(18) 海野美盛（一八六四―一九一九）明治・大正期の彫金家。東京美術学校教授。
(19) 海野美盛「故帝室技芸員竹内久一先生」『書画骨董雑誌』第一〇一号、一九一六年一一月。
(20) 竹内久一「元禄会と明治骨董史」『書画骨董雑誌』第四五号、一九一二年二月一〇日。
(21) 半紙四つ折りの洒落本。ほかの草双紙より厚みがあり、「こんにゃく」を連想させた（『大辞林』第三版、三省堂より）。
(22) 前掲註（20）竹内論文。
(23) 神野由紀『趣味の誕生』勁草書房、一九八四年。
(24) 前掲註（20）竹内論文。
(25) 山本和明「稀書翫味の交遊圏（一）」、『相愛大学研究論集』二八、二〇一二年、三四四～三二四頁。
(26) 前掲註（12）鈴木書、一六九頁。

(27) 塚原渋柿園（一八四八―一九一七） 明治時代に活躍した歴史小説家。
(28) 瀬崎圭二「流行研究会と塚原渋柿園：〈江戸趣味〉の中の身ぶり」『国文学攷』二二〇号、二〇一三年、一九～三三頁。
(29) このあたりの経緯については、坂野徹「好事家の政治学―坪井正五郎と明治期人類学の軌跡―」『思想』九〇七号、岩波書店、二〇〇〇年一月などに詳しい。
(30) 林若樹（一八七五―一九三八） 古物収集家。東京帝国大学の坪井正五郎の研究所に出入りして考古学を学ぶ。古書や人形玩具を収集、「集古会」や「大供会」に参加した。
(31) 「集古会記事」『集古会誌』一八九六年一一月二〇日発行。
(32) 三村清三郎「集古会の沿革」『集古皕会記念華名冊』集古会、一九三五年九月（『集古　複製版　別巻』思文閣、一九八〇年）。
(33) 佐藤伝蔵「集古会誌題言」『集古会誌』一八九六年一一月二〇日（『集古　複製版　第一巻』思文閣、一九八〇年）。
(34) 柳田国男「村の個性」、民俗学研究所編『民俗学手帖』古今書院、一九五四年。
(35) 人形玩具（郷土玩具）に関しては、山口昌男の一連の研究のほか、斎藤良輔の著作が知られているが、このほか、近年多くの研究者による研究成果が発表されている（前掲註「はじめに」(8)(9)参照）。
(36) 郷土玩具という呼び名は少しあとになってからなので、本書では郷土玩具・雛人形の類についてはすべて人形玩具を用いる。
(37) 清水晴風・西澤笛畝『うなゐの友』一八九一～一九二四年（複製、芸艸堂、一九八二年）。
(38) 斎藤良輔『おもちゃの話』朝日新聞社、一九七一年、六一頁。
(39) 西澤仙湖（一八六四―一九一四） 実業に身を置きながら寄稿、収集など趣味生活を送った。雛人形をはじめとする玩具の収集に注力した。
(40)　初期の会の記録は集古会誌「大供会談話録」より辿った（一九一一年七月三〇日発行・一九一一年七月三一日発行・一九一二年九月四日発行・一九一二年九月五日発行・一九一二年九月九日発行）。
(41)　各地のさまざまな時代の人形一五〇点が「竹の間」に展示された（『三越』大正二年第三巻第一号）。
(42)　『三越』大正六年第七巻第三号、五頁。
(43)　フレデリック・スタール（一八五八―一九三三）アメリカの人類学者。明治末から大正初期、日本をたびたび訪れ、好古家たちと交流した。
(44)　『三越』大正九年第一〇巻第三号、三一頁。
(45)　『三越』大正九年、第一〇巻第四号、三五頁。
(46)　当日の主な出席者は、巌谷小波、松居松葉（桃太郎の父親役）、饗庭篁村（かぐや姫の父親役）、笹川臨風、東儀鉄笛、久保田米齋、林若樹、内田魯庵、三島通良、西澤笛畝、石井伯亭、遅塚麗水、鶴見左吉雄、佐々木信綱、伊坂梅雪、竹内桂舟など。
(47)　『三越』大正九年第一〇巻第五号、三〇〜三三頁。
(48)　『三越』大正一〇年第一一巻第二号。
(49)　廣瀬菊雄（辰五郎、一八七八―一九四六）江戸千代紙店「いせ辰」三代目。錦絵を収集し、清水晴風や淡島寒月らと交遊した、江戸趣味家としても知られる。
(50)　以下は、次の論文に加筆した。神野由紀「近代日本における消費と男性―ファッション消費をめぐる言説を中心に」『デザイン学研究特集号』第一六巻一号、八〜一三頁、二〇〇八年。
(51)　平田玲子「近代日本の『紳士』と『書生』―テクストのなかの風俗・思潮―」『お茶の水女子大学人文科学紀要』第五一巻、一九九八年。

(52) 竹内里欧「『紳士』という理想像の誕生と展開」『京都社会学年報』第一一号、二〇〇三年。竹内里欧「『真の紳士』と『似非紳士』」『社会学評論』第五六号、二〇〇五年。
(53) 上島長久『紳士読本』豊文堂、一九〇三年、三四頁。
(54) 波多野烏峰『紳士と社交』実業之日本社、一九〇八年、二四頁。
(55) 前掲註(54)波多野書、三六七頁。
(56) 宮本桂仙『紳士之顧問』博文館、一九〇六年、四頁。
(57) 福原菊治編『紳士の服装』関根商会高等洋服店、一九一一年、四頁。
(58) 寺田寅彦「丸善と三越」『中央公論』、一九二〇年(『日本近代文学大系』第三四巻　寺田寅彦集所収、角川書店、一九七三年)。
(59) 前掲註(58)寺田論文、一六五頁。
(60) 『株式会社三越85年の記録』一九九〇年。
(61) 『松屋百年史』一九六九年。
(62) 松屋では一九五三年(昭和二八)になってようやく婦人アクセサリーなど女性用商品が増えていく。
(63) 建築家・塚本靖の日記に関しては、東京大学藤森照信研究室(一九九五年当時)が所蔵している。
(64) 幾度啓氏のインタビューは二〇〇五年一月に関東学院大学神野研究室にて実施。幾度氏本人は戦後間もなく三越に入社。父・幾度永氏は昭和初めから戦後まで三越の役員を務めている。
(65) 石丸雄司『私の銀座風俗史』ぎょうせい、二〇〇三年。
(66) 前述の小説に登場する主婦たちも皆、欲しいものを夫にねだっている。
(67) 前掲註(65)石丸書、一三六～一三七頁。
(68) 大日方純夫「つくられた『男』の軌跡」『男性史二』日本経済評論社、二〇〇六年。

(69) 『新青年』に関しては『新青年　復刻版』本の友社、一九九五年を参照した。

2章◆美術をめぐる大衆の眼差し

良い趣味を手に入れようとした中間層は、自らの外見を整えるためのファッション消費に向かったが、それにとどまらず美術品、さらには生活雑貨類にまで趣味獲得のための消費の対象は広がっていく。特に初期百貨店の周辺に集まっていた好事家の趣味は、中間層にとってわかりやすい、眼前にある目指すべきモデルであった。

1　百貨店と美術

西洋の百貨店と美術

日本だけでなく、一九世紀半ばに誕生した西洋の百貨店においても美術品の展示は採り入れられていた。例えば、フランスのボン・マルシェでは一八七五年の新館第二期工事完成時、二階に現代作家の絵画と彫刻を展示するギャラリーが設けられた。画家と彫刻家は無料で自分たちの絵画と彫刻を展示することができ、展示された美術品は購入可能で、実質的には美術品の売り場としても機能していた。

この美術ギャラリーの隣には、読書室が設けられていた。エミール・ゾラの残した資料「ゾラ文書」によると、この読書室は筆記用具や新聞雑誌が備え付けられているだけでなく、次のような豪華な空間であったことがわかる。

「大広間の両端には巨大な暖炉。四方は柱廊に囲まれている……吹き抜けの天井は、壁画と金泥で豪華に飾られている。壁には油絵がかかっているが、みな凡庸である。暖炉の上にはとてつもなく大きい柱時計が据えられ、ブシコー(1)の胸像が置かれている(2)」

消費への欲望をさまざまな手段で喚起しようとした初期の百貨店において、美術品に囲まれた宮殿のような空間は、人々を余剰の消費者に向かわせるための舞台であった。美術ギャラリーと、それより三年前に作られた読書室はその後合体し、この結果全長二〇メートル、幅八メートルという、ルーブル美術館なみの壮大な大広間の展示空間が百貨店内で生まれることになった。しかし、そこに飾られる作品は、ゾラの記述によると凡庸なものが多かったという。すなわち、百貨店側にとっても、店の主要顧客であるプチ・ブルたちにとっても、本物の絵画や彫刻に直に接することさえできればよかったのである。百貨店に来るプチ・ブル層は、家族の肖像画を画家に依頼したり、絵画を自邸に飾ったりというような生活とは無縁であった。彼らにとって、凡庸でわかりやすく社会的にその価値を認められた作品の鑑賞こそが、文化的な行為に参与できたという錯覚を抱かせるものであったはずで、作品の質、価値は二の次であった。

また、ルーブル百貨店の経営者、アルフレッド・ショシャールによる絵画コレクションは有名で、特に一九世紀バルビゾン派の名作を多く所有していた。当時、アメリカ人が所有していたフランソワ・ミレーの「晩鐘」を八〇万フランという巨額で購入したときには、フランスの誇る文化財をアメリカから買い戻したと話題になった。フランス人のナショナリズムを高揚させるようなことを、百貨店が率先して行なったのである。

このような百貨店を舞台に生じた美術の大衆化は、日本の百貨店においても同様に見られた。そして、本家である欧米の百貨店以上に美術品を積極的に扱い、さらには文化催事の場として重要な役割を果たすという、日本の百貨店の特徴を築いていくことになった。この理由としては、単に美術展示の施設が少なかったということだけでなく、日本の美術が本来室内を飾る工芸品であり、商品として成立しやすかったこと。そして、日本の百貨店の前身である呉服店ではもともと、日本画家とのつながりが強かったこと、などが挙げられる。

百貨店新美術部の誕生

絵画や工芸品を展示販売する部門としての美術部は、百貨店草創期から三越や高島屋で設置されている。(3) 一九〇七年（明治四〇）、三越呉服店では東京本店、大阪支店にそれぞれ「新美術部」が設置された。「新美術」とは、「古美術」ではなく同時代の作家の作品を扱うという意味で、このとき贋作を防ぐために、三越で取り扱うのは生存する作家の作品に限定された。

百貨店ではほかの売り場の販売形態と同様に、美術品はあくまでも「商品」として扱われ、陳列され、かつ定価が表示された。中間層にとって敷居の高かった美術品購入を、いかに容易にするかが百貨店の美術部の課題であったといえる。明治四〇年代には『みつこしタイムス』『三越』『百華新聞』などのPR誌に美術部の商品が頻繁に掲載され、そして、その扱いは、呉服と同様のまさしく「流行」を伴った商品であった。これをよく示しているのが、『時好』明治四一年第六巻第三号の「美術界の流行」という記事である。好評のうちにスタートした新美術部の中で、最も売れ行きのよい作家を紹介している。ここでは売れる／売れないということが、呉服と同じような流行現象として捉えられている。

「一体美術なるものに流行、不流行などの有るべき筈のもので無いが、事実に於てそれが有るから不思議だ」(4)

このように述べたうえで、筆者は東京・大阪での流行作家を挙げていく。東京では橋本雅邦を筆頭に、川端玉章、荒木寛畝、渡邊章亭、松本楓湖らが人気画家として紹介されている。さらに若手作家としては寺崎廣業、川合玉堂、下山観山、小堀鞆音、梶田半古なども喜ばれるとしている。京都画壇では竹内栖鳳のほか、今尾景年、鈴木松年、谷口香嶠、菊池芳文、山元春挙、さらに関西の特徴として富岡鉄斎のような文人画も好まれていると説明が続く。特にこの明治末頃の京都で流行していたのが、淡泊、瀟洒で、軽快な傾向で、東京では荘重、雄渾な歴史人物が人気であるのと対照的な傾向にあるという。

百貨店誕生当時、三越の元禄模様、光琳模様などをはじめとする呉服柄の流行が店の側から人為的に作られていった様子についてはすでにさまざまな研究で明らかにされているが、この近代的な流行システムは、後述する雛人形、子供服、家具など、呉服以外のさまざまな商品に波及していく。そして、その流行という考え方は美術作品にまで及んでいくのである。

北村直次郎と大阪三越新美術部

三越の美術部門は、東京よりも大阪で先行して開設された(5)。このとき、大阪の新美術部主任に就いたのが北村直次郎（鈴菜）である(6)。三越の新美術部の初期の活動は、大阪美術部の方が展覧会の開催も多く、その活動が目立っているが、これは北村に因るところが大きいと考えられる。

北村の三越での業績については、遺稿集『鈴菜遺稿』(7)に収められ、山本真紗子(8)や津金澤聡廣(9)らが詳しく紹介しているが、三越入社前から内国勧業博覧会事務局美術部出仕や京都日出新聞の美術担当記者、図案や日本画団体の顧問や幹事、審査員などを歴任し、美術および美術工芸品に造詣が深く、そこで培われた画家や工芸家たちとの交流は、百貨店の美術部という場で活かされることになった。一九〇二（明治三五）年からは、新聞記者としての能力を買われて髙島屋に入社し、PR誌『新衣裳』の編集を担当しており、呉服の最新流行を紹介するとともに文芸雑誌的な色彩も加えた雑誌を創り上げている。その後、一九〇七年（明治四〇）に三越呉服店京都支社に入り、その一ヵ月後に新設の大阪支店に異動となった北村は、意匠係、美術部主任、編集部主任などを任され、その人脈から店内に十五日会や三日会（三彩会）など多くの芸術家の団体を結成し、多彩な美術展を企画していくようになる。北村によって実現された企画展をはじめ、百貨店で開かれるようになった各種美術展については後述するが、ここでは当時活躍中だった画家や工芸家たちと百貨店の消費者が新美術部を介してつながったということ、そして、それは中間層の消費への欲望を巧みに利用した百貨店の戦略であったことを、指摘しておきたい。

飯田新七と美術

同じ頃、髙島屋でも同様の美術部設置の動きが見られた。髙島屋の場合、初期美術部の活動は、特に二代目飯田新七が心血を注いだ美術染織から始まったとされる。一八七七年（明治一〇）の第六回京都博覧会に染織品を出品し、その後も国内の博覧会に出品を重ね、海外にも一八八八年にバルセロナ万博、翌八九年にパリ万博、一九〇四年にセントルイス万博などに出品し、数々の賞を獲得していく。一九一〇年にロンドンで開催された日英大博覧会に出品したビロード友禅壁掛「世界三景・雪月花」は、その原画を山元春挙「ロッキーの雪」、竹内栖鳳「ベニスの月」（図2-1）、都路華香「吉野の桜」が手掛け高い評価を得た。画家の絵画作品をビロード友禅や刺繡によって再現したその精緻な技術は、美術品の域に達すると称された。画家の作品を下絵に美術刺繡や織物で再現するというその手法は、織物を美術作品として認めてもらいたいという飯田新七の強い願いに反して、結果的に美術品ではなく絵画作品を再現した手工芸品であることを自ら示してしまうという結果にもつながるが、[10]少なくとも新七が積極的に美術に強い関心を持っていたことがわかる。

高島屋の美術染織や呉服の下絵は、京都を中心とする画家たちが手掛けた。今尾景年、岸竹堂、幸野楳嶺、竹内栖鳳などによる絵画的な図案は呉服柄の改良につながり、明治後半以降生み出される流行図案にも影響を与えた。[11]千総の西村総左衛門や高島屋の飯田新七は明治初期、パトロンを失って生活に困窮していた京都画壇の画家たちに、店の呉服の下絵を描く仕事を依頼して、彼らを支援した時期がある。この関係がもとになって、高島屋は染織による美術作品の制作に乗り出していく。高島屋の美術染織品は、海外から日本に訪れた外国人の土産物としても人気で、絵画のように額装されるか、

-1　竹内栖鳳「ベニスの月」
（ビロード友禅壁掛「世界三景・雪月花」下絵、1904年）

▼図2-2　現代名家百幅展
（1909年）

屏風や衝立などのインテリア用品に商品化された。この美術染織を用いた室内装飾事業は、宮内省その他の官庁、船舶などからの受注が相次ぎ、髙島屋では室内装飾事業を本格的に展開していくことになった(12)。

この美術染織の開発は、髙島屋を京都画壇の日本家たちとのつながりを強固にした。この経験をもとに、髙島屋は一九一一年（明治四四）、大阪心斎橋店に美術部を新設した。すでに一九〇九年（明治四二）から京都、大阪各店で「現代名家百幅展」（図2－2）を開催していた髙島屋だが、創設記念として開催されたのが「第一回現代名家新絵画展」である。以後、美術部は多くの芸術家を支援していくが、中でも知られているのが竹内栖鳳をはじめ富岡鉄斎、川端龍子などとの関係である。中でも呉服の下絵からビロード友禅の下絵に至るまで、髙島屋の商品と深く関わっていた竹内栖鳳は、美術部でも大きく取り扱われた(13)。このように初期の髙島屋美術部は、飯田新七と画家の個人的なつながりを背景に作品の取り扱いが始まっていった。

さらに大正後半になると、バーナード・リーチや河井寛次郎など民芸運動に連なる作家の展覧会も多く開催された。当時、髙島屋宣伝部長だった川勝堅一は、河井の初個展以来個人的な交流を続け、作品を収集して河井の活動を支援していった。この民芸とのつながりから、戦前戦後のデザイン界に大きな影響を与えたシャルロット・ペリアン展も実現することになった。

百貨店の美術展

三越に新美術部が誕生した一九〇七年（明治四〇）は、文部省美術展覧会（文展）が始まった年でもある。北澤憲昭が百貨店の美術部を「文展の副産物」と指摘し、また、金子賢治が「陰に陽にその（文展）流れに棹をさす」と表現するように、両者の関係性は多くが指摘するところである。文展はフランスのサロンに倣った官主催の美術展で、大阪三越新美術部開設の一ヵ月後の一〇月に、上野の東京勧業博覧会場跡にあった博覧会用美術館で第一回展が開催された。官による美術展は、すでに一八八〇年（明治一三）に観古美術会、さらに内国勧業博覧会での美術展示があったが、勧業ではなく文化催事としての本格的な美術展は、この文展が最初であった。この文展が正統性を与えた作品は、高村光太郎が文展の在り方を否定的に「国定芸術」（『読売新聞』「西洋画所見」一九一二年〈大正元〉一一月）と評したように、無難な抒情性、装飾性が目立つ中庸な作品が主流となり「文展派」と呼ばれた。比較的わかりやすく情緒に訴えかけるこうした文展派の画風は、美術鑑賞初心者向けのものであったはずである。そして、文展が新聞・雑誌などで話題になり、これに伴い美術愛好者も増大した。このことは、後述するような「床の間を飾る道具」としての美術品だけでなく、作品をもっぱら鑑賞目的とする美術品との接し方を日本人に広めていくことにつながった。そして、同じ頃に誕生した百貨店の美術部でも、同様の文化催事的な展覧会が各種催されていくようになる。

営業目的ではない百貨店の美術展の嚆矢は、三越が一九〇四年（明治三七）一〇月に開いた「光琳遺品展覧会」とされる。三井呉服店から三越へと変わる直前に、三井家のネットワークを駆使して借り受け、貴重な光琳作品が多く展示された同展は、美術史上でも重要なものであるといえ、これを機に明治末の光琳ブームが起こっていったとされる。[14]『時好』には一〇月から翌年一月の四ヵ月間に渡り、出品作が掲載されている。[15]その紹介点数の多さは、まだ展覧会カタログのなかった当時、それに代替する役割をPR誌が果たしており、それだけ貴重な所蔵品が集められ、話題となったことを物語っている。

光琳筆　維摩像（紙本水墨）
　　　　菊花図（紙本水墨）
　　　　梅花茶碗図（紙本水墨）
　　　　肉筆団扇二種（金地着色）　福岡子爵家所蔵
　　　　壽老人像（絹本水墨）　別府氏所蔵
　　　　紅葉孤鹿図（絹本着色）　細田氏蔵（図2－3）
光悦筆（紙本水墨金泥）　徳川侯爵家所蔵
光琳筆　六玉川の巻（紙本着色）其一　京都智恩寺所蔵
　　　　六玉川の巻　其二

光琳筆　四季花鳥の巻　其一　京都智恩寺所蔵
　　　　四季花鳥の巻　其二
　　　　四季花鳥の巻　其三
光琳作　広蓋　溝口子爵家所蔵
乾山作　題不明　福岡子爵家所蔵
光琳筆　躑躅図（絹本着色）　団氏所蔵
　　　　梅月の図（紙本着色）
　　　　波涛飛燕図（紙本淡彩）
　　　　紫式部図（絹本着色）
　　　　御秡潑の図（絹本着色）
　　　　伊勢物語の図（紙本着色）
　　　　伊勢物語図（紙本着色）
　　　　四季草花巻物の一（着色）　津軽伯爵家所蔵
　　　　四季草花巻物の二　津軽伯爵家所蔵
　　　　四季草花巻物の三　津軽伯爵家所蔵
　　　　布袋の図（絹本水墨）　細田氏所蔵

光琳作　硯箱　帝室博物館蔵
光琳作　硯箱　津軽伯爵家蔵（図2-4）
光悦作　硯箱　帝国博物館蔵
光琳作　扇面張手匣　九鬼隆一男爵家所蔵

この光琳の展覧会と呼応するように、三井呉服店内では「光琳図案会」が結成され、店内では呉服などの商品に「光琳風」のデザインが応用されていく。中には光琳の代表的な硯箱の絵柄をそのまま配した帯（図2-5）などもあり、「光琳風」というよりも、むしろ今日のミュージアムグッズに近い直接的な引用の商品も販売されている。

一九〇九年（明治四二）の高島屋の「現代名家百福画会展」も非売品が展示されたが、非売品にもかかわらず盛況で図録も発行している。こうした美術への消費者の関心の高さが　その後の百貨店美術部開設につながっていくことになる。三越では新美術部の「半折画会展」「洋画展覧会」「三越絵画展覧会」といった展覧会が次々と始まる。それらは営業目的の展示でありながら、文化催事的な色彩も備えており、一九〇九年三月から大阪美術部で陳列された絵画は、『三越画集』として毎月、京都山田芸艸堂より発行されて美術展カタログ的な役割も果たしている（図2-6）。

一九一四年（大正三）、三越日本橋店の新館五階に美術品の常設展示場が作られた。三越ではこの

図2-3　光琳遺品展覧会に出品された「紅葉孤鹿図」（『時好』明治37年辰12号より）

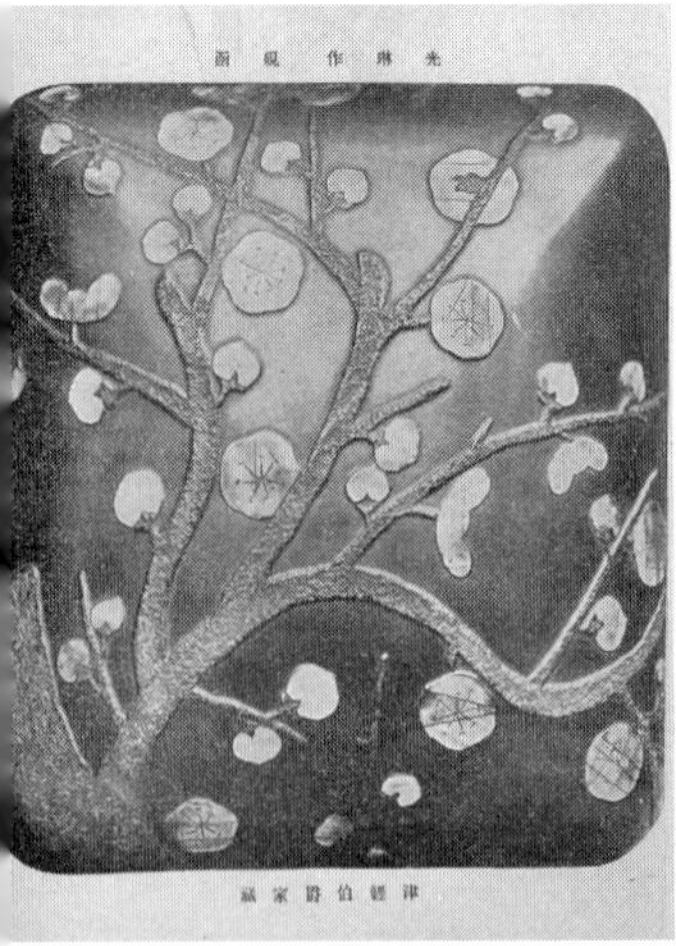

2-4　光琳遺品展覧会に出品された硯箱（『時好』明治37年辰10号より）

図2－5　硯箱模様の新柄綴錦丸帯（『時好』明治37年辰10号より）

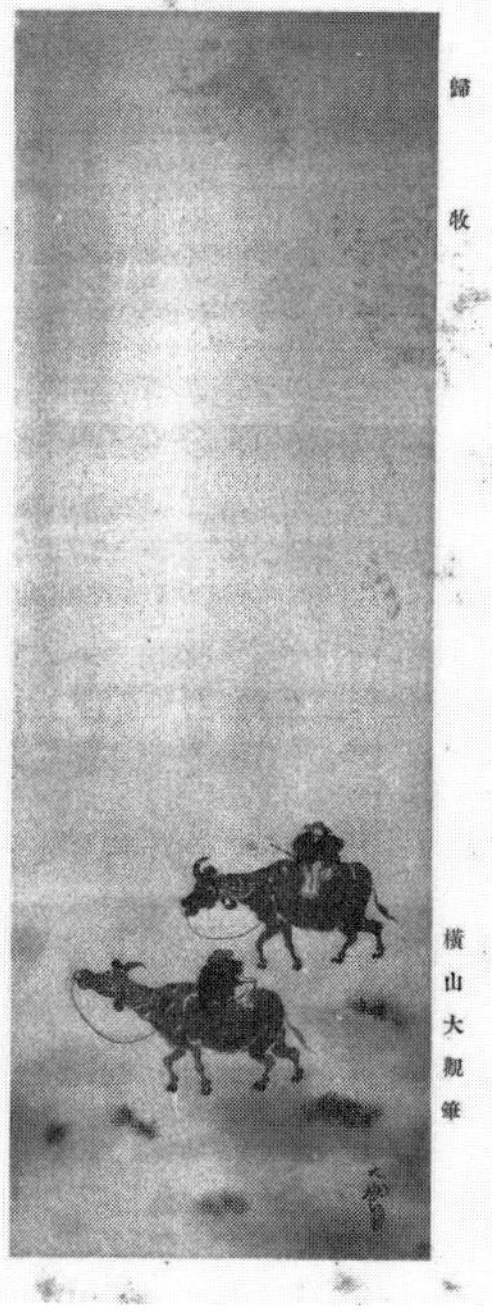

図2－6　横山大観「帰牧」（『三越画集』35より）

年を境に、百貨店の主催ではない美術展の開催が増えていく[16]。同年秋には「日本美術院再興記念展覧会」が開催された（図2－7）。岡倉天心の死後、横山大観や下村観山らが再興した日本美術院の記念すべき第一回展であった[17]。会場を探していた大観らに三越側が会場提供を申し出たとされる。新美術部で築かれた画家との関係が、こうした美術史重要な在野の展覧会開催につながった。翌一五年には「第二回二科会美術展覧会」が二科会主催で開催された[18]。

こうした美術団体の展覧会開催は、百貨店が展覧会場として社会的に認知されたことを意味していた。事実このあと、春陽会やアクション、无型、民芸など、重要な展覧会が百貨店を会場にして開催されるようになり、文展や帝展など公的な展覧会は上野で、そして、在野の美術展は百貨店で、という住み分けが確立されることになった。一九二〇年前後からは出版社や新聞社主催の企画展覧会も目立つようになり、「場所貸し」としての重要度も増していく。

博覧会の美術作品展示を経て、明治末に文展を中心に美術が制度化されていく中、美術を鑑賞するという行為が一般に広まっていく。しかし当時は、公的な展覧会以外で一年を通して美術鑑賞ができるような常設の美術館は少なく、個人的に所蔵している人以外は美術鑑賞の機会がなかった。東京で美術展を開けるのは、わずかに上野公園の中の竹之台五号館、陳列館、美術協会の列品館、東京帝室博物館[19]くらいであった。こうした場所は春秋の美術展シーズンには文展の会場として使われ、大正初め頃から日本美術院や二科会をはじめとする美術団体が増加していくが、在野団体の美術展を開催できる会場を見つけることは困難であった。[20]このような状況で、文部省という官に対峙し得る民の展覧会場としての役割が百貨店に課せられたのである。

さらに百貨店美術部では、個人作家の展覧会も盛んに開催された。それぞれの百貨店で懇意にしていた作家の展覧会を特に多く開いており、三越が横山大観を中心とする院展の作家を積極的に紹介し

図2－7　日本美術院再興記念展覧会（1914年）

ていったのに対して、髙島屋は竹内栖鳳をはじめとする京都画壇の画家の支援に熱心であったことで知られる。

三越では一九一一年（明治四四）の横山大観作品展（大阪三越）以後、大観の展覧会が頻繁に開催され、一九五八年（昭和三三）の「横山大観遺作展」まで続く関係が築かれた。髙島屋でも栖鳳が各種展覧会に新作を出品している。また、富岡鉄斎、前田青邨、鏑木清方、川端龍子などに加え、河井寛次郎の個展も数多く開催されている。上野の美術館へ足を運ぶには、少し気遅れするような人々が気軽に立ち寄れて、文化的な気分を味わえるというのが、百貨店の美術展であった。PR誌でも「絵画を鑑賞するの能力を有する事は、紳士淑女としての資格の一に数へらる丶ほど」[21]とあるように、この美術ブームは購入だけでなく鑑賞体験も重視する風潮を広めた。

美術鑑賞という行為を大衆化していったのが、百貨店で開催される一連の美術展であった。しかし、百貨店の美術品は原則売品であり、企画展のための非売品であることは少ない。先に述べたように、この時期の美術部を「消費」という視点で眺めると、単に美術展示品を鑑賞するというだけではない、当時の中間層にとっての美術品の役割が浮かび上がる。

2　中間層における美術品の役割

百貨店の美術品を求めた人々

この時期、先述したように、比較的高学歴の新中間層が都市部に台頭しつつあった。彼らは上昇志向が強く、自らの社会的地位の顕示のために、あらゆる身の回りの品々の消費に関心が向けられた。絵画などの美術品もまた、彼らにとって自らのステイタスを示す重要な道具であり、この頃から急速に美術品の需要が高まっていった。「美術品＝商品」の新たな消費者であったのは、紛れもなく当時、百貨店の主要顧客だった新中間層だったのである。

こうした状況の中、美術作品の価値に指針を与えたのが先述した文展であり、それをもとに市場を創り上げていったのが百貨店の美術部であった。文展の受賞作品は文部省に買い上げられた。実際には作家の付けた値よりも安く買い上げられたようだが、この文展受賞という肩書きは、受賞作家の社会的地位を高める効果を発揮した。すなわち、一方では公的な空間で「鑑賞」の対象となった美術品の作家だが、もう一方の美術市場という場において、その肩書が売行きを左右する指標になった。こうした文展と百貨店の関係が明治末に始まったのである。

制度として美術が定義づけられ、その中で展開された活動としての百貨店美術部の活動は、美術史

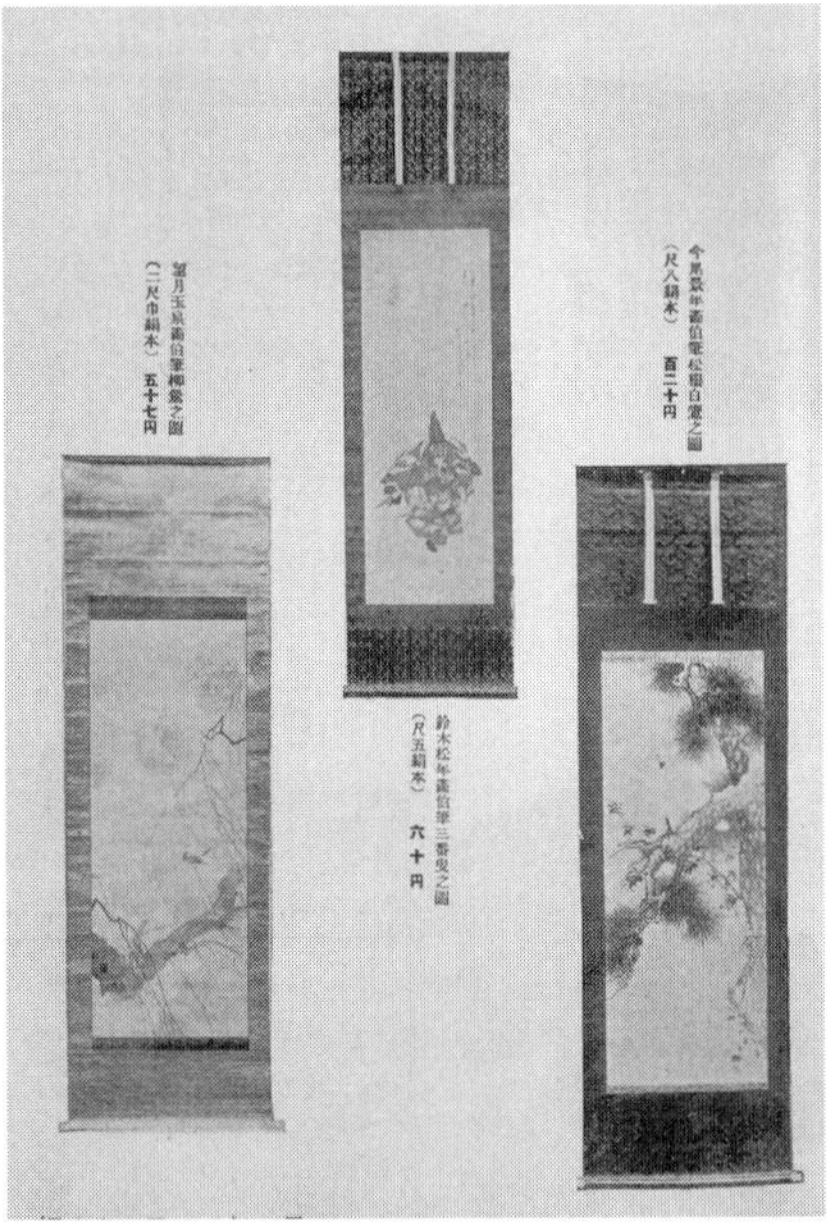

図2−8　三越新美術部販売の掛軸
(『時好』第6巻3号より)

の分野ではすでに多く語られている。しかし、ここに「消費」という視座を採り入れ、当時の中間層に向けて美術品がどのような文脈で、どのような商品として提供されていったのか、そして、消費者は何を求めていたのか、ということから考察するとき、この美術部の活動からは、また違った光景が見えてくる。そのためには百貨店美術部で、どのような種類の「商品」に人気が集まったのか、という点に着目しなければならない。

百貨店の美術部で販売された絵画は表装、額装された軸物、洋画、さらに衝立や屏風など、完成品ばかりであった（図2-8）。「既に表装し、又は額縁を嵌められたれば、直ちに床間、楣間に掲げて日夕の楽しみとなし得らるゝのみならず、御進物として内外の賓客に贈呈せらるゝなどには最も便利なることとなるべし[22]」というように、ここでの絵画は徹底して買い求めやすい商品として扱われたのである。特にこの時代、外国人が土産物として購入する、あるいは新居の調度品が必要な新婚家庭など、急ぎ美術作品が欲しい人に提供できるようなサービスはなかった。こうした世間での需要を察知した百貨店では、美術品を手軽に購入できる「既製品」という手段を取ったのである。

この既製品という特徴は非常に重要であるが、背景として、百貨店の美術品には以下で述べるようないくつかの特徴が見られた。

住まいの装飾品としての美術品

百貨店美術部が誕生した明治末、地方から上京してきて会社員となり、結婚して新居を構える、住まいを新築するなどで、急ぎ住まいを飾る調度品としての美術品が必要となった人が急増していた。彼らの強い上昇志向と、それゆえの顕示的消費の傾向は、住まいにも向けられた。「『衣服』の次ぎには家屋来る」といふ西諺は、わが三越呉服店の三階の一部を見舞はれし人々の胸中に、忽ち浮び出る事なるべし」（『三越』明治四四年第一巻第九号）という一文にも表れているように、百貨店では室内装飾の需要が高まりつつあったが、当時の住宅事情を考えると、洋家具を中心とした家具装飾の部門が中間層に向けて本格的に軌道に乗るには、時間がかかった。一方、美術部はこうした人々の欲求の受け皿となり、室内を飾る調度品を販売した[23]。

明治末、急増する都市の中間層の一般的な住まいは、いわゆる「在来住宅」と呼ばれる和風の住宅であった。江戸時代の中・下級武士の住宅のスタイルを継承した在来住宅は、狭小でありながら書院造りの形式に則り、玄関、客間といった接客空間が重視された、封建的な色彩の強い住まいであった。主人の客が通される接客空間には、床の間などに主人のステイタスを表すための調度品が飾られる。あるいは積極的に洋風生活を摂取しようとした人々の中には、和風住宅の一部を洋風の応接間にする和洋折衷住宅を好む者も多く、その場合は、部屋の壁に飾る洋画が必要になった。

しかしながら、1章で述べたように、彼らは基本的に都市へ流入してきたばかりの新参者たちであった。当然のことながら、画家に制作を直接依頼できるほどの財力も芸術家の知己もなく、美術品の鑑識眼も備わっていなかった。彼らが求めたのは、「正当な美術品」であるということがすでに証明済みの、しかも容易に入手できる表装・額装が施された既製商品としての美術品にほかならなかった。さらにこうした中間層の住む在来住宅は基本、借家であった。自分で自由に普請するわけではないので、住まいの床柱やそのほかの材に贅を凝らすことは難しく、結果的に彼らの関心はそこに「置くだけ」の室内調度品にのみ向かうことになる。

一九〇八年（明治四一）には大阪三越の新美術部の北村直次郎（鈴菜）による文章が掲載されている。

予想以上の人気となった美術品販売だが、これほどまでに夥しい数が売れたのは、「比較的値が安くて且便利」だからであるという。北村は、その背景に、日本人の室内装飾としての美術への関心があることを指摘している。

「由来日本人は美術の好きな国民で、九尺二間の裏店住居にも、猶且新聞の繪附録や雑誌の写眞版摺りが額にしてあるのを往々見受ける況して玄関あり床の間の備のある家到る處として楣間に額面あらざるは無く壁面に繪画の掛らざるはない、されば美術を好愛する観念の深きと淺きとを問はず、或る必要よりして繪画を要求するのが日本人の社會的習慣となつてゐる(24)」

さらに『三越タイムス』には、「三越の賣品にて飾られたる余の書斎」という一文が民哉という人物によって寄せられている(25)。書生生活を終え、結婚して一家を構えるようになった筆者は、新居の書斎をすべて三越の売品によって揃えていく。床の間には新美術部で購入した山元春挙の「雪中の松」の軸物が掛けられる。この軸物は、流行している紙本半切で、表装まで整った既製品である。正月元日の床飾りとしてこれを選んだ筆者は、二日目用として竹内栖鳳の干支に因んだ鶏の軸も購入しており、「余が今日の生活程度より云へば甚だ贅沢の如き」とあるように、やや背伸びをした買物であるため、「年末に會社から貰った賞与金を割愛」までしている。軸の前に飾る花瓶は京都粟山の錦光山製尊式の陶器を購入する。西洋趣味帯びた、支那風のものであるが値段は安く、「特別念入りの床でなければ是で結構なり」と妥協するところも見せるが、栖鳳の軸と相性が悪く、結局は贈答用として購入しておいたオーストリア製の白磁の果物盆に林檎と柿を盛っている。床柱には三十七八年戦役記念として、漣艦の材で作られた掛花生をさげ一輪の寒椿を挿した。床脇の違い棚には、さらに写真や青色ガラスの置時計、三笠艦材の菓子箪笥が飾られる。茶器は久留米特産の丸い盆に浅井忠の図案による錦光山製の煎茶器、菓子は「少し奮発して」森永の菓子を選んでいる。

書斎の机は書生時代のものを使っているが、その上の文具類もほとんど三越特製または三越で販売されている舶来品で揃えている。火鉢は三笠艦材のもの、火箸は鉄の櫂型、座布団は安物は買いたくないが「ポケットの都合もあれば」、結局、秩父銘仙の出来合い品におちついている。「何分にも新生活、どう云ふ風にしたらば好いのかとの思案もつかぬまゝ、三越へ出掛けて買調へて見たのがざつと右の通り、飾り立てゝ見れば余の身分相應、立派な書斎となり。」と文章を締めくくっている。

こうした文章は、おそらく一般消費者が書いたものではなく、内部で作成されたものに違いないが、新生活を始める人々がどのように家具調度を調え、それほど高くない給料の中でやりくりし、それなりに見える暮らしを苦心して創り上げていく様子を代弁している。ここには1章で述べたような、丸善で全集や文具、ガウン、さらには新海太郎による石膏像が書斎に必須のものであるかのごとくに販売されていたのと同じ状況を見ることができるだろう。

自らの社会的地位を示すために美術品を購入し、それで室内を飾るという文章は、初期に頻繁に現れる。翌月の『三越タイムス』には、北村直次郎（鈴菜）による「新築と床間　床間と軸物」[26]という記事が見られる。北村はまず、都市部の人口増加により住宅難が深刻になっていた当時、京阪地方でも郊外周辺で新築工事が行われている様子を語っている。中間層の住む借家でもある程度の体裁が求められ、相応な家屋の装飾が必要である。北村は、その装飾の中で最も必要なのが床の間であるとし、「九尺二間の茅屋ならばいざ知らず、官吏や会社員などが住うと云ふほどの家ならば、必ず床の間の設けがあるべき筈である。」と断言する。床の間は、「趣向を凝らして飾らなければならないもの」である。柱に花を挿す、卓に器物を置くなどもよいが、特になくてはならないのが軸物で、これが「床の貫目を揚げ、家屋に品格を保たしうる」ポイントとなる。

一九〇九年一一月には、おそらく北村であろう人物が「室内装飾を想ふの時期」[27]という記事で、やはり繰り返し同様の発言をしている。「たとへ狭隘なりと謂へども客室を有する以上は、之を装飾するに多少の美術趣味を以てせざる可からず」ということで、中でも床の間の必需品としての軸物の重要性を述べている。このほかも一連の文章の多くは北村の手によるものと思われる。当時の美術品市場の開拓は、その主要な顧客層としての新中間層の意識を巧みに利用したものであった。北村は、中間層の住まいでの美術品の重要性を次のように述べる。

「室内の威厳を保つ上に於て最も必要なるは床の間なり、床の間なければ折角の座敷も玉の盃底なきもおなじ事なるべし。而して其床の間も壁間に軸物なければ空家同然物足らぬ事云ふまでもなし」

「関眼なき床、不調和なる床は、客つて座敷の威厳を築くることな気にあらねば、一幅の軸物を購ひ給ふにも、ゆめなほざりに過したまふ勿れ」(28)

のちに実業の茶人として知られるようになった三井呉服店の経営者、高橋義雄でさえも、自伝『箒のあと』の中で、結婚して新居での披露宴に際し、「其時床に掛けたのは、當時の都新聞社長で、私の親友であつた稲茂登長三郎氏より、僞筆と知りつゝ、借り受けた松村景文筆松に鶴の掛物で、其前に銀座の縁日で、一圓五十銭で買つて來た萬年青の盆栽一鉢を飾り（後略）」と、何とか室内装飾品を調達しようと苦労した若い頃を述懐している。(29) 自らも若い頃には室内装飾で苦労をしていた高橋だが、一九一〇年に刊行された『日本住宅室内装飾法』(30)の序文では、「維新変革の後薩長を始め田舎木強の武士が戦勝の勢を得て殺風景なる豪傑流を其住宅に用ゐたる」というような田舎者や、「西洋心酔の半可通が旧物破壊の風を吹かせて和洋混同の鵺式」というようなちぐはぐな和洋折衷を批判し、こうした室内が識者の失笑を買っていると述べている。これらに対して高橋は、「東山以来名匠の工風を重ねたる室内装飾法の如きも纔《わずか》に茶人の一部に保存せらるゝの悲境に陥り」と、日本の伝統的な茶室の室内装飾を、わずかに残された「良い趣味」と考えた。これは高橋だけでなく、同時代の多くが茶の湯の風流に抱いていた意識であったといえる。

同書は、洋風や和洋折衷の書斎や客間ではなく、もっぱら書院造りの和風住宅の客間の装飾についての解説書となっている。そしてその内容は、天井や畳など建物のことよりも、香炉や掛け軸など、ほとんどが「装飾品で床の間をどう飾るか」に割かれている。

「良い趣味」を持たない中間層が、自らのファッションにとどまらず室内装飾にも関心を向けていくという傾向は、一九世紀の西洋において見られた現象と同様であった。ヴィクトリア朝時代のイギリスでは中産階級の室内装飾への関心が高まり、『THE HOUSE BEAUTIFUL』『The Girl's Own Paper』『THE BOOK OF THE HOME』など多くの指南書が刊行された[31]（図2－9）。これらの指南書ではドローイングルームやダイニングルームをいかに快適に飾るか、暖炉の上に何を置くか、カーテンなどのドレープをどう配するか、どのような家具を置くか、といった細かな内容が書かれており、これらを手本に中産階級の女性たちは自らの家を趣味の良いものにしようとする努力を重ねていった。

ペニー・スパークは、この時期の室内装飾への関心の高まりを、「生産と消費という車輪が効率よく回転するためには、『趣味づくり』というシステムの潤滑油を補給しなければならない。」と説明している[32]。室内に飾られるモノは、住まい手の社会的地位を物語る指標となり、中産階級は上流階級の富を誇示するための行為としての室内装飾を積極的に模倣しようとした。この顕示的な室内装飾は、

図2-9　ウォルター・クレイン「奥方の部屋」(『THE HOUSE BEAUTIFUL』より)

同時に「快適な家庭」を演出するものでなければならなかった。女性たちは自分の家庭が良い趣味となるような具体的な方法を教えてくれる指南書を望んだ。

近代的な性役割が進んだ結果として、西洋では室内装飾は主に女性たちが手掛けるものとなったが、日本では明治以降も、接客を重んじる封建的な色彩の残る在来住宅の中で、家父長が客間の調度を調えることが一般的であった。西川祐子は、近代に茶の間が普及してもなお家父長的な家の在り方が存続し、「男の家」であり続けたと指摘し、中間層の借家において、百科事典や文学全集が並び、複製の名画などが掛けられた応接間、あるいは季節の飾り付けを施した床の間、これら家のインテリアを担当したのは家父長である男性であったと述べている[33]。この「男の家」で発揮される趣味の多くは、近代的な家庭観とは距離のある、ほかの家族を排除した個人的な世界であったところが、西洋近代の「女の家」としてのインテリアと異なる点であるといえる。すなわち、近代初期の日本における室内装飾は、あくまでも男性主導によるものであった。紳士に相応しい書斎のインテリアが商品によって提示されていくのと同様に、床の間の調度品もまた、中間層の男性にとっては自らの社会的地位を示すための道具であった。趣味の悪い田舎者として笑われることだけは避けなければならないが、どうしてよいかわからない人々にとって、自分たちの財力で手軽にこれを入手できる場が百貨店や丸善のような商店であった。中間層のこうした室内装飾への関心が、美術品への需要を生み出すことになったのである。

「新美術」を推奨する百貨店

1章で述べたように、明治に興隆を見せた財界人による茶の湯では、名物を競って収集し、それを披露する茶会が頻繁に開かれた。熊倉功夫の調査によると、それらの茶会で用いられた掛物は、大徳寺系、墨跡、狩野派、松花堂といったものが多く見られ、すべて古美術品で占められていた[34]。このことに示されるように、当時の人々にとっての美術品とは、古い書画が一般的で、床の間を飾るに相応しいものであった。しかし、古美術品を購入するという行為は、経済力も美術的鑑識眼もない新中間層にとってはハードルが高かった。『書画骨董雑誌』でも、たびたび贋作についての記事が掲載されていることは前述のとおりだが[35]、中間層には容易に入り込めない世界であったといえる。

上流階級の床の間に憧れた彼らは、それに代わるものを求めるようになる。この状況に着目して美術品市場に進出したのが、百貨店であった。明治末当時、古美術商はあっても新しい現存作家の作品を扱う画廊のような場はほとんどなかったため、百貨店ではこれを積極的に販売し始めたのである。百貨店の美術品は、大家としてすでに名声を得ていた美術家、あるいは新進の美術家、いずれにしても現存する作家のものであった。当時、絵画をはじめとする美術品を手に入れることは、いくつかの困難を伴っていた。画家に作品を依頼するというのは非常に敷居が高かった。特に完成までに非常に時間がかかり、何度催促しても出来上がらないというのが画家の常であり、必要なときに入手できないという難点があったのである。地方の人であれば、よりいっそう直接、画家に依頼することは困難である。かといって表具屋などを介して依頼するとなると、期日は少し早まっても料金が高額になってしまう。さらに書画周旋業で古美術を購入する場合、鑑識眼のない素人では贋作を売り付けられてしまうという危険がある。古美術だけでなく、現代作家の作品さえも贋作が横行していたのである。

草創期三越の新美術部での活動については、日比翁助の百貨店経営理念と結び付けた田中裕二による論考がある[36]。美術愛好家で知られる日比は、新美術部の設置を積極的に進めていくが、美術品展示という新たな取り組みは日比が百貨店の経営者として利益の社会還元として文化支援の一環として位置づけられるだろう[37]。三越の広告を担当し、初期三越のブランドイメージ形成に大きな役割を果たした濱田四郎『百貨店一夕話』の中で、新美術部を作る際の日比の方針について、次のように紹介している。

「美術品に偽造、贋物はつき物だ。であるから店で賣るものは現に生存せる諸大家の作品に限り、物故せられた大家の作品は一切賣るべからずといふのが日比さんの鉄則、新美術賣場出発からの内規であつた。眞偽不明は常に起るべき問題だが、問題があつても執筆の当人に直接鑑定を乞ふと直分る、夫で客も店も安心だが、筆者不幸にして他界せられた場合は、之を証明する事が出来ず、三越が贋物を賣つたなどの悪い評判をせられてはたまつたものでない。これは誠に理の當然だ[38]」

当時の中間層の鑑識眼のなさについて、日比翁助は『商店繁昌の秘訣』の中で言及しており、高額商品を扱う貴金属部や美術部に来店する客について「これ等の客は失礼であるが、質の眞贋、品位の上下等を精確に鑑識される人は極めて稀である[39]」と述べている。こうした顧客に誠意をもって信頼のおける商品を提供することが、百貨店の使命であると日比は考えた。

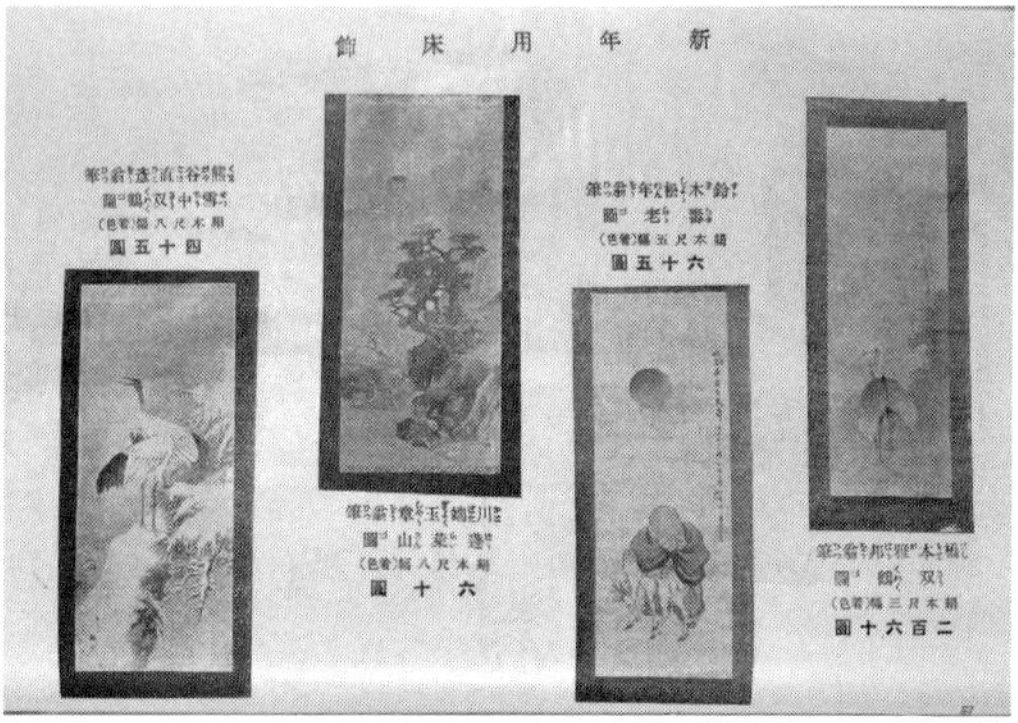

図2－10　新年用床飾（『みつこしタイムス』第6巻第12号より）

このような状況から当時、信頼できる美術品購入の場として百貨店美術部が誕生したのである。現存作家であれば直接本人に確認できる、また制作の際に箱書も依頼できる。そして、「極印付保証付の眞物である、三越の絵画さへ買うておけば、世間でよく例のある偽物を掴むで人に嗤はれるやうな憂ひは滅多にありません[40]」というように、三越や高島屋など、老舗の呉服店は、本物を保証してくれるだけの絶大な社会的信用を持っていたのである。

三越新美術部では当時現存した作家として、日本画では橋本雅邦、川端玉章、下村観山、竹内栖鳳、菱田春草、横山大観、川合玉堂など、洋画では黒田清輝、岡田三郎助、和田三造といった名のある画家たちの新作を取り扱った（図2－10）。山本真紗子は大阪三越の新美術部で扱った作品を掲載した『三越画集』第三号（一九〇九年〈明治四二〉五月）から九〇号（一九一七年〈大正六〉一二月）の期間の作品六八八点を調査し、最も多い作家のリストを作成しているが、横山大観、木島櫻谷、鈴木松年、鈴木華邨、竹内栖鳳といった名前の中に、橋本雅邦の名は見られない[41]。『時好』（明治四一年第六巻第三号）の時点では、最も流行している画家であったはずの雅邦だが、一九〇八年（明治四一）の没後は百貨店の取扱い作品の対象から外れていることがわかる。

北村直次郎もまた、この「古画よりも新画」というメッセージを繰り返し消費者に伝える。新画は古画のような偽物を購入してしまう危険が少ないということ、そして、画家直筆の箱書の証明が付いた新画を信用ある取扱者から購入すれば安心であること、これは日比と同じ主張である。さらに北村は、新画には古画にない魅力があるという点も強調する。新画は新しい時代を反映していて「清新な趣味」であり、(42)『みつこしタイムス』では、「昨今の現象に見れば古物を愛玩するよりも、現代思想によりて製作されたる新画を鑑賞する事が、恰も一の流行となれるが如し」(43)など、たびたび現代作家の作品が推奨されている。

何より北村がアピールしたのが、客にとってはこうした商品が、煩わしさがなく手軽に、比較的安価で購入できるという利点であった。古画などももちろん良いが、専門的な鑑識眼を養成する必要があり、それにはかなり手間がかかってしまう。その点、現代諸家の筆になる画であれば、そうした煩わしさはない。ただし、現代作家であっても見識のない一般人が直接依頼することは難しい。こうしたことから、北村は「最も信用すべき仲介者」が集めてくれた作品の中から自分の気に入ったものを購入できるシステムとして百貨店美術部の利用を推奨している。先にも述べたように、これらの美術品はすべて表装、額装された「既製品」として店内に陳列され、客はそれらを自由に見て好きな物を選ぶだけでよかった。すなわち美術品購入に関する面倒なことを取り除き、手軽な商品として提供したのが、この新画の販売であったといえる。

中間層向け商品としての半折画の流行

百貨店美術部が初期から販売に力を入れていたのが、半折画であった。半折画とは唐紙や画仙紙などの全紙を縦に二つ切りにした画で、[44]サイズが小さい分、安価で購入しやすく、中間層の住まい程度の床の間に丁度よいサイズで、百貨店美術部は顧客である中間層に向け、大々的に売り出す戦略を取った。大阪美術部創設直後に開催された「第一回半折画展覧会」は大盛況となり、その後年二回のペースで開催され、ほとんどの作品が売約済みとなった。一九一〇年（明治四三）からは東京でも「現代大家半折画会展」が開催されるようになる。この半折画展は、購買者層を強く意識した、まさしく百貨店美術部的な特徴を集約させた展覧会の始まりであった。

「三越にさへ來られなば、何時にても名家の筆を得るの便宜ある」と謳った展覧会には四国や九州からの問い合わせも相次ぎ、遠くから来店する者も多かったという。[45]盛況ぶりは店の予想を越えるもので、「世の推移と共に、絵画に対する世の普通の趣味も漸く向上し来り」という様子がうかがえる。絹本ではなく紙本の半折画は、特に画家の技量が試されるということで人気とあるが、購入しやすい価格であるということが、中間層にとっては最大の理由であったと思われる。例えば以下は、一九〇八年（明治四一）に大阪の新美術部で開催された半折画展の陳列品の一部である（図2－11）。

今尾景年「翡翠に芦」二四円
三宅呉暁「月下秋草」一三円
鈴木松年「老松之図」二〇円
岸米山「掛稲に雀」八円五〇銭
木島櫻谷「菜花に鶏」一二円
上村松「円窓美人之図」一〇円
河北霞峰「秋景山水」一三円
都路華香「蛭子之図」一四円
山元春挙「撫子花に猫」一五円[46]

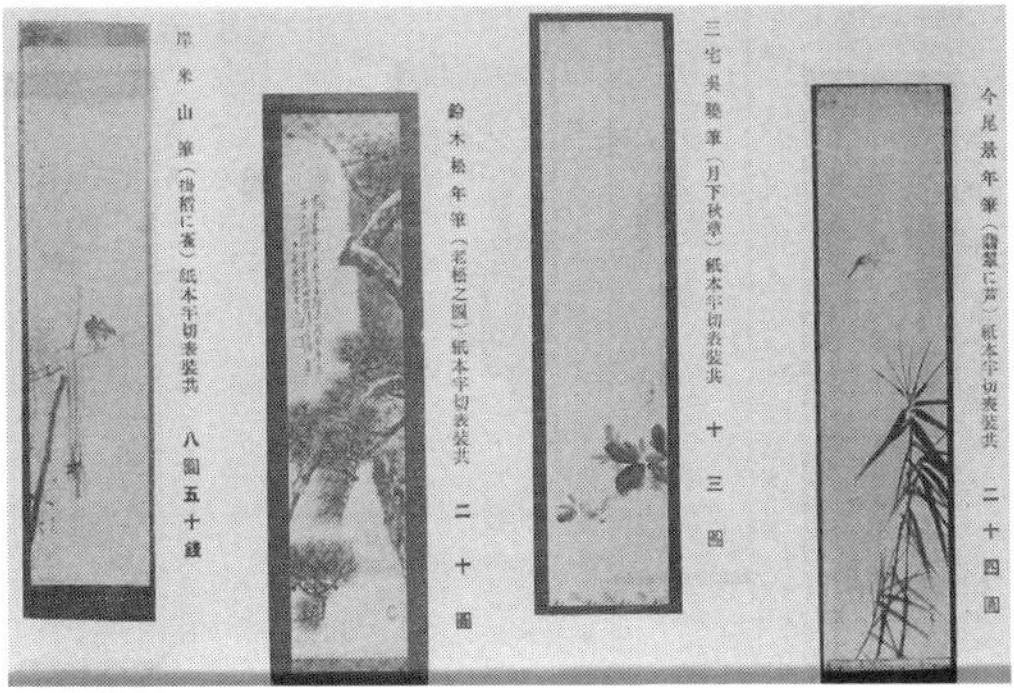

図2－11　半折画展の陳列品（『みつこしタイムス』第6巻11号より）

いずれも表装込の価格であり、ほとんどが一〇円台である。同じ号に掲載されている橋本雅邦や川端玉章の全紙サイズのものが三八円から二六〇円で販売されており、それに比べるとかなり割安になっている。同じ頃、実業家たちの購入した古画は、数千円〜一万円以上という高額であり[47]、明治四〇年代の銀行員の初任給四〇円[48]であったことを考えると、中間層にとっては、古画は法外な価格であり、彼らにとっては頑張って新画を購入するのがやっとであったことがわかる。

また、半折画の中間層の間での流行は、自邸の床の間に飾る趣味の良い、しかも手頃な画という理由が大きかったが、このほかに贈答用に適していたということでも重用された。既製品としての美術品は、趣味の良い贈答品のリストに加えられるようになる。三越でも明治四〇年代から、そうした美術品の紹介の仕方が見られるようになってくる。

「進御物として内外の賓客に贈呈せらる、などには最も便利なることとなるべし[49]」
「近年、上流社会にありて年末歳始の贈答品に絵画を用ふる事が盛んに行はれてゐる」
「紳士と紳士、淑女と淑女の間に於ける純潔な時候の挨拶には、成るべく趣味の深い高尚なものが宣い。絵画の如きものを贈れば、贈った人の心も美しく見え、貰う人の品格をも高く崇める事になる[50]」

特に半切画など比較的安価な美術品は、「年末歳始格好の贈答品」として紹介されることが多かった。中元や歳暮など、季節の挨拶をはじめ、贈答習慣は中間層の間でも重要な役割を果たしていた。

誰に何を贈るか、ということがその人の趣味の良さが問われる重要な場面であったため、人々は贈る品を吟味した。この中で美術品は、贈る側の趣味教養の高さをアピールするために有効で、百貨店でも贈答シーズンの商品リストには、美術品が必ず掲載されるようになる。この贈答品としての美術品では、価格が手ごろなこともあり、絹本よりも紙本、しかも半折画の需要が高かったのである。

このようにして大阪で起こった半折画の流行は、ただちに東京へも伝播した。一九一〇年（明治四三）四月には、本店で「東西諸大家揮毫　半折画会展」が開催された。「即売」「表装箱書付」と大々的に紹介され、東西三三大家の作品を陳列している。

「今回は特に諸大家の賛同の下に、意外に低廉なる価格を附したれば、華客諸君が貪ぼり需め給ふにも易々たるべし、尚是等の名画は、其畫風に必適したる新意新様の表装をなし、箱書付さへ添えたれば、御買入後直ちに御床の間に掲げて飽かぬ眺に耽り給ふも容易なり」(51)

住まいの床の間に飾るということをより具体的に想起させるため、会場の一部には純日本風の室内空間が作られた。六畳の和室の中央には書院風の違い棚付きの床の間があり、その前後左右にも略式の床が二つ設置された（図2－12）。さらに勾欄付きの床も多数作られ、そこにはすべて半折画がかけられた。三三人の現代大家の作を金欄、緞子、七子などに表装し、一つずつ桐箱に入れられ、そこに作家自身による箱書が付けられ、一幅一二円から四五円くらいまでという「夢にも見られません安値」が話題となり、地方からも含め注文が絶えず、初日に展示した半折画はほとんど同日に完売するという売行きであった。

この関東での新しい試みは早速評判となり、以後、店内で頻繁に開催されている。翌一一年の「第三回名家半折画会展」では初日の前夜から内見を望む客が押し寄せ、初日の開店時には待ちかねた客が入口に殺到し、自分の欲しかった大家の揮毫を「われ勝ちに」買い求めたという(52)。一週間での売約額は、前年の半月での売り上げ以上を超えることになった。

一九一〇年（明治四三）、髙島屋でも「半折画会」が開催された。同時代の画壇で活躍する著名画家を網羅した半折画作品は、会場内に作られた和室の床の間、違い棚といった仮設物に展示され、住まいを飾るイメージが具体的に視覚化された。ここでも作品は、生存画家の作品に限定され、古美術とは異なる新たな市場を開拓することになった。展示会は好評で、初日で五〇幅以上を販売し、期間中には画家や新聞雑誌の批評家を招いてイベントを設けるなど、精力的なPR活動も展開された。芸術家とは縁のなかった中間層が、初めて美術と接点を設けられることになったのである。この展示会の成功の翌一一年、髙島屋では美術部を開設し、以後、積極的に美術販売を展開し、芸術家との強固なつながりで店のコレクションも形成されていくことになった。

百貨店の美術部は、生存作家の半折画を中心に、予想以上の成功を収めていく。さらに買い求めや

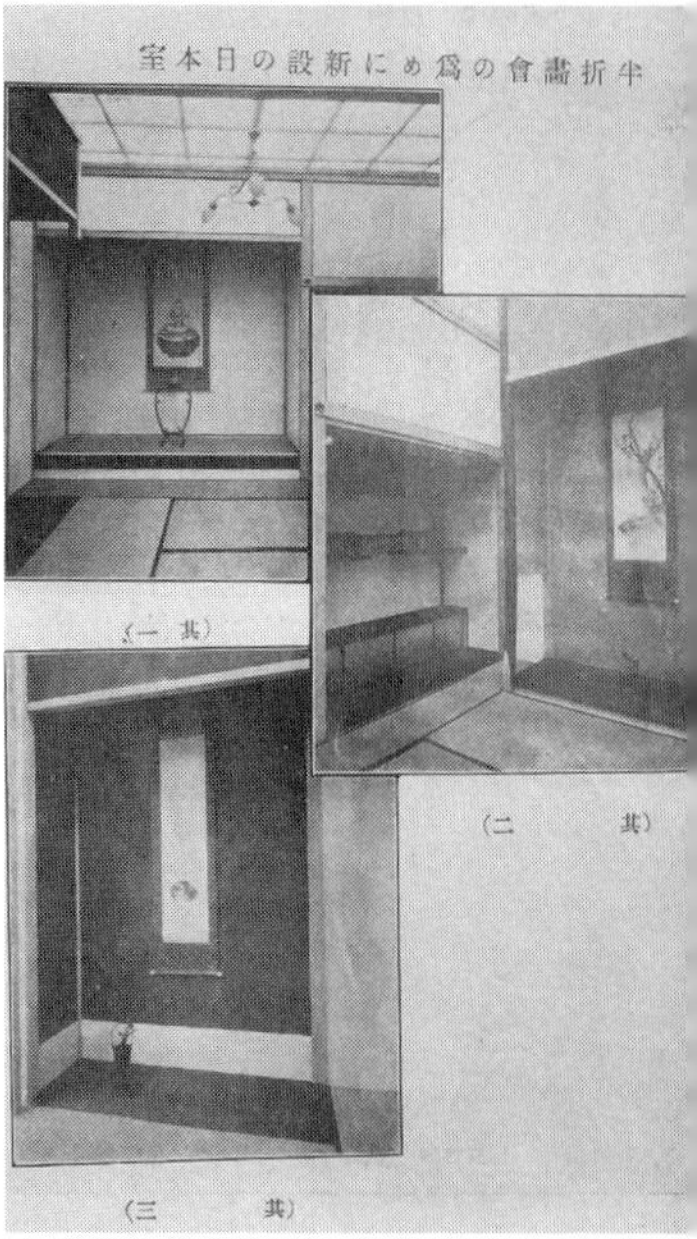

図2－12　半折画展会場に作られた純日本風室内空間（『みつこしタイムス』第8巻第5号より）

図2－13　三越新美術部で扱った洋画（『みつこしタイムス』第6巻第1号より）

すい手軽な美術品として、三越では肉筆の団扇、扇子や短冊、色紙（一円二〇銭から五、六円程度）なども販売していく。一九一〇年一一月には「席上揮毫会」を催し、洋画に比べて運筆が自在であるという特徴を活かし、延べ四二名に及ぶ日本画家が週末に三越店内で制作風景を一般公開するという斬新な企画も実施している。消費者にとって真贋が常に問題となる中で、こうした確実に真作を提供し得る試みも生まれたといえる。

中間層の住宅事情から百貨店美術部で扱うのは日本画が多かったが、洋画をはじめほかの美術品も積極的に扱っていた（図2-13）。大阪三越では一九〇九年に「洋画展覧会」を開催し、太平洋画会と関西美術院の作品約三〇〇点が展示された。同年には東京でも白馬会会員による作品を展示した洋画展覧会を開催しており、黒田清輝、和田英作、岡田三郎助、三宅克己などの作品が話題となった。在来和風住宅が主であった当時、洋画の販売促進を望んだのは画家たち自身でもあった。在来和風住宅の一画を洋間に改装したような折衷住宅に住む人々に、より購入しやすい洋画を提供するという目的で、一九一二年には「洋画小品展覧会」を開催し、黒田清輝や和田英作、岡田三郎助ら名家と呼ばれる洋画家の小品約一五〇点が展示されている。会期半ばで三分の一が売約済となるほど好評で、さらにこうした美術展の少なかった当時、美術展としての評価も高く新聞各紙で紹介されている(53)。この洋画についても以後、定期的に展覧会が開催され、洋画普及の役割を果たしていくことになった。そして、美術部で日本画・洋画と同じ位に力を入れるようになっていくのが、次章で述べる工芸品であった。

〔註〕

(1) アリスティド・ブシコー（一八一〇―七七）フランス初の百貨店「ボン・マルシェ」の創業者。数々の近代的な百貨店商法を生み出した。

(2) ゾラ文書 Papier Zola: miclofilm, Bibliotheque Nationale, Paris（本書では鹿島茂『デパートを発明した夫婦』講談社現代新書、一九九一年より引用）。

(3) 三越と高島屋の美術部の活動については、主に以下を参照した。『三越美術部100年史』、株式会社三越、二〇〇九年。『高島屋美術部百年史』株式会社高島屋、二〇一三年。さらに、両百貨店の美術部については、廣田孝「明治期の百貨店主催の美術展覧会について」『デザイン理論』四八号、二〇〇六年、四七～六〇頁。『月刊美術　特集　三越美術部の100年』三八五号、実業之日本社、二〇〇七年一〇月などに詳しい。

(4) 三彩子「美術界の流行」『時好』明治四一年第六巻第三号。

(5) 大阪支店は九月一五日、東京日本橋本店は一二月一日。

(6) 東京の新美術部の中心人物は、当時宣伝部長の濱田四郎であった。

(7) 北村鈴菜『鈴菜遺稿』鈴菜遺稿編纂会、一九二四年。

(8) 山本真紗子「北村鈴菜と三越百貨店大阪支店美術部の初期の活動」『コア・エシックス』七号、二〇一一年、三二三～三三三頁。

(9) 津金澤聡廣「百貨店のイベントと都市文化」山本武利編『百貨店の文化史』世界思想社、一九九九年。

(10) 美術染織が「美術」として認めてもらえるよう、高島屋が博覧会出品を重ねて努力していった経緯については、中川麻子「美術染織―成立と構造―」（共立女子大学二〇一二年度提出博士論文）に詳しい。

(11) 廣田孝「明治期京都の染織と日本画」『デザイン理論』四一号、二〇〇二年、四七～六〇頁。

(12) 神野由紀「百貨店と室内装飾」山本武利編『百貨店の文化史』世界思想社、一九九九年。

(13) 竹内栖鳳の代表作「アレタ立に」一九〇九年などが現在、髙島屋資料館に所蔵されている。栖鳳の髙島屋での活動については、廣田孝「竹内栖鳳の絵画作品と刺繡作品」『生活造形』四九号、二〇〇六年、四七～六〇頁。

(14) 三越での光琳ブームについては、玉蟲敏子の以下の研究がある。玉蟲敏子『生きつづける光琳』吉川弘文館、二〇〇四年。同「三越における光琳戦略の意味」岩淵令治編『「江戸」の発見と商品化』、岩田書院、二〇一四年。

(15) 『時好』明治三七年辰一〇号・一一号・一二号、三八年一号。

(16) 新館が落成すると、新館・旧館を合わせて建物面積が広くなったため、旧館を会場に利用できるようになった。

(17) このあと、大阪では髙島屋が院展会場となっている。

(18) 第一回を前年に上野竹之台陳列館で開催したが、その後は百貨店が会場となる。

(19) 一八八二年（明治一五）に上野へ移ったあと、一九〇八年には帝室博物館の管理下で美術・工芸を展示する「表慶館」が開館した。

(20) 一九二六年（大正一五）に東京府美術館が開館し、美術団体の展覧会場として提供されていく。

(21) 『みつこしタイムス』明治四一年第六巻一二号。

(22) 『時好』明治四一年第六巻一号。

(23) 百貨店美術部での和風住宅向け商品の特徴については、廣田孝も指摘している（前掲註（3）廣田論文）。

(24) 『時好』明治四一年第六巻第三号。

(25) 『みつこしタイムス』明治四二年第七巻第一号。

(26) 『みつこしタイムス』明治四二年第七巻第二号。

(27) 『みつこしタイムス』明治四二年第七巻第一一号。

(28) 『みつこしタイムス』明治四三年第八巻第一号。

(29) 高橋義雄『箒のあと』（普及版）、発行所不明、一九三六年、一九七～一九八頁。

(30) 杉本文太郎『日本住宅室内装飾法』建築書院、一九一〇年。
(31) 吉村典子「憧れのヴィクトリアン・インテリア」『ヴィクトリア時代の室内装飾』LIXIL出版、二〇一三年。
(32) ペニー・スパーク（菅靖子他訳）『パステルカラーの罠』法政大学出版局、二〇〇四年。Penny Sparke, As Long As It's Pink, Rivers Oram Publishers, 1995。
(33) 西川祐子『住まいと家族をめぐる物語』集英社新書、二〇〇四年。
(34) 熊倉功夫『近代茶道史の研究』日本放送出版協会、一九八〇年、一三九頁。
(35) 1章註（13）参照。
(36) 田中裕二「明治後期の三越呉服店における日比翁助の企業経営と藝術支援」『東京都江戸東京博物館紀要』第一号、二〇一一年、三一～四五頁。
(37) 神野由紀『趣味の誕生』勁草書房、一九九四年。
(38) 濱田四郎『百貨店一夕話』日本電報通信社、一九四八年、一二五頁。
(39) 日比翁助『商売繁昌の秘訣』大学館、一九一二年、三〇～三一頁。
(40) 鈴菜生「佳作を集めたる絵画室」『時好』明治四一年第六巻三号。
(41) 前掲註（8）山本論文、三三八頁。
(42) 北村鈴菜「古画と新画」『みつこしタイムス』明治四三年第八巻第一号。
(43) 『みつこしタイムス』明治四二年第七巻第一一号。
(44) 横三〇～三五センチ、縦一二〇～一三五センチ。
(45) 『みつこしタイムス』明治四二年第七巻第五号。
(46) 『みつこしタイムス』明治四一年第六巻一一号。
(47) 前掲註（34）熊倉書、一三六頁。熊倉の調査によると、一八九六（明治二九）～一九一二年の高額取引品の画は六一〇〇円~三万五〇〇〇円であった。

(48) 一九一〇年(明治四三)の相場。『値段史年表』朝日新聞社、一九八八年より。
(49) 『時好』明治四一年第六巻第一号。
(50) 『時好』明治四一年第六巻第一二号。
(51) 『みつこしタイムス』明治四三年第八巻第三号。
(52) 『三越』明治四四年第一巻第三号。
(53) 洋画の展覧会評は完全に美術品として扱われており、これが室内を飾る工芸品的なものとしての認識の強い日本美術の展覧会評と少し異なっている。

3章◆風流の大衆化

美術品は百貨店という場の中では、何よりも趣味の良い生活を実現するためのツールであった。結果として新美術部で扱う商品は、絵画にとどまらず、多様な工芸品、生活雑貨類に及ぶことになる。「良い趣味」を求めた結果としてデザインがキッチュへと反転していくわかりやすい事例が、大正から昭和初期にかけて三越で人気を博した、これら「風流な商品群」であった。本来、風流とは雅な様を意味し、平安時代以降は特に祭礼や芸能などにおける趣向を凝らした作り物や、その華美な様子を指す語であったが、それが都市の中のさまざまな行事での作り物へと受け継がれた。さらに近世になると、茶の湯や生け花、俳諧といった文化の中での美的価値へと意味が広がったとされ、自然の風物や四季の移ろいなどに対する感受性が重視されるようになっていく。さらにまた、世俗から離れて何かに没頭する「数寄者」「もの好き」「好事家」をも意味するようにもなる。このように、風流の語の意味は、歴史の中で複雑に変化してきた(1)。そして、江戸の風流を受け継ぎ、近代以降の風流は、ライフスタイルにおける「良き趣味」としての江戸的な美意識全般を指すようになっていく。

この風流と同義の「風雅」という語が、明治になって西洋の「良き趣味」の訳語として用いられるようになった経緯について、野呂田純一が興味深い考察をしている。(2) 西洋では産業革命後に趣味の低下が問題となり、一連の博覧会には上品な良い趣味を啓蒙する目的もあった。ウィーン万博に参加した明治政府は、西洋において芸術の品格が重視されている状況を知り、日本固有の美術の保護奨励に着手することになった。万博プログラムに記載されていた「良き趣味」は、江戸時代に日本人の中にあった美意識である「風雅」と訳された。明治初年の趣味の混乱は、行きすぎた欧化政策と、田舎出身の士族の台頭にあったが、これに歯止めをかけるべく、農商務省博物局や龍池会といった場において、「風雅」という価値のもと、美の基準が制度化されていった。野呂田論文の指摘するように、一度途絶えた「風流＝風雅」の美意識は、明治中頃になって国家的な視点で復活していくが、同時にこの江戸的な美意識は、江戸から東京に続く文化の地下水脈の中で、細々と残存していた。この流れが途絶えてしまうことへの危機感から、官ではなく民の中から起こったのが、1章で述べたような明治期の江戸趣味ブームであったといえる。少なくとも、明治末頃から増大していく都市の消費者にとって、風流は自らの趣味の良さを示す最も重要な価値基準の一つになっていたことは確かである。

以下では近代初期の風流商品を辿ることで、当時の消費者が何を求めていたのか、そして、実際にどのようなデザインに落とし込まれていったのか、詳しく見ていきたい。

1　美術―工芸―風流道具

取扱商品の拡大――絵画から工芸品、趣味の日用雑貨へ

近代以前には日本には純粋美術の概念はなく、絵画や彫刻も含んだ概念として「工芸」が存在していた。政府による古器旧物保存の海外流出防止、あるいは廃仏毀釈阻止の政策が進められた明治初期、国家のアイデンティティーの生成とともに歴史的な宝物を保護し、単に古器旧物と総称されていたものの中から美術が抽出されていく。西洋美術の対概念として日本美術が生まれ、絵画　彫刻　工芸といった西洋的な美術の区分がもたらされていった。こうした美術概念の生成過程については、すでに北澤憲昭や佐藤道信らによって詳しく考察されているところである(3)。

日本の「工芸」は西洋美術とは対応しにくく、概念形成の指標があいまいであるため、語の定義が抽象的にならざるを得なかった。佐藤はこの原因として、西洋において工芸が絵画や彫刻に比べて低い地位にあったため、概念再編の指標が弱かったこと、そして何よりも、日本では絵画や彫刻以上に工芸が日本の美術の歴史の中で実質的に広く関わっていた事実、日本の歴史の中では工芸が絵画も彫刻も含む包括概念であった点を挙げている(4)。また、森仁史も美術とデザイン双方を内包することになった曖昧な工芸概念の中で、工芸が果たした役割について考察している(5)。少なくとも明治にあって、

工芸は美術と明確に区分されることのない、生活芸術として人々に認知されていた。これを最もよく表していたのが、百貨店美術部の売り場であったといえる。

開設当初は軸物を中心とした絵画をもっぱら扱っていた美術部だったが、開設から半年後経った頃には花瓶や銀器、菓子鉢、皿、湯呑み、置物などが美術部の商品として掲載されるようになっている。『時好』明治四一年第六巻第四号には、陶器、漆器、蒔絵、銀器、七宝といった美術工芸品、さらには日用食器の類も販売を始めたことが記されている。一九〇八年（明治四一）頃からPR誌のカタログページには、毎号のように浅井忠のデザインによる皿や菓子鉢や、幸田露伴好みの織部焼、武田五一のデザイン、といった付加価値が付けられたもの、光琳式と名づけられた意匠デザイン、京都の錦光山宗兵衛、清水焼の六兵衛など、特別な品であることを明記した品が目立つようになる（図3－1）。以後、織部焼の茶碗、徳利、向付、チロリ、湯呑みや徳利、菓子鉢といった日用食器類（図3－2）にまで、新美術部で扱う商品は拡大されていく。

工芸品は、趣味の日用品としても商品化しやすく、百貨店でも積極的に展開していくことになる。一九一四年（大正三）落成の新館では美術工芸品展示場が設けられ、さらに人々の関心を集めるようになった。こうした中、三越では一九一〇年（明治四三）に「第一回諸大家新作美術及美術工芸品展覧会」を開催した。彫刻、彫金、鋳金、漆器、刺繍、綴金、木牙介甲の製作品、陶磁器、染織物、槌金、蒔絵、七宝といった美術工芸品を展示した同展は、絵画販売で成功を収めた百貨店が、工芸品に

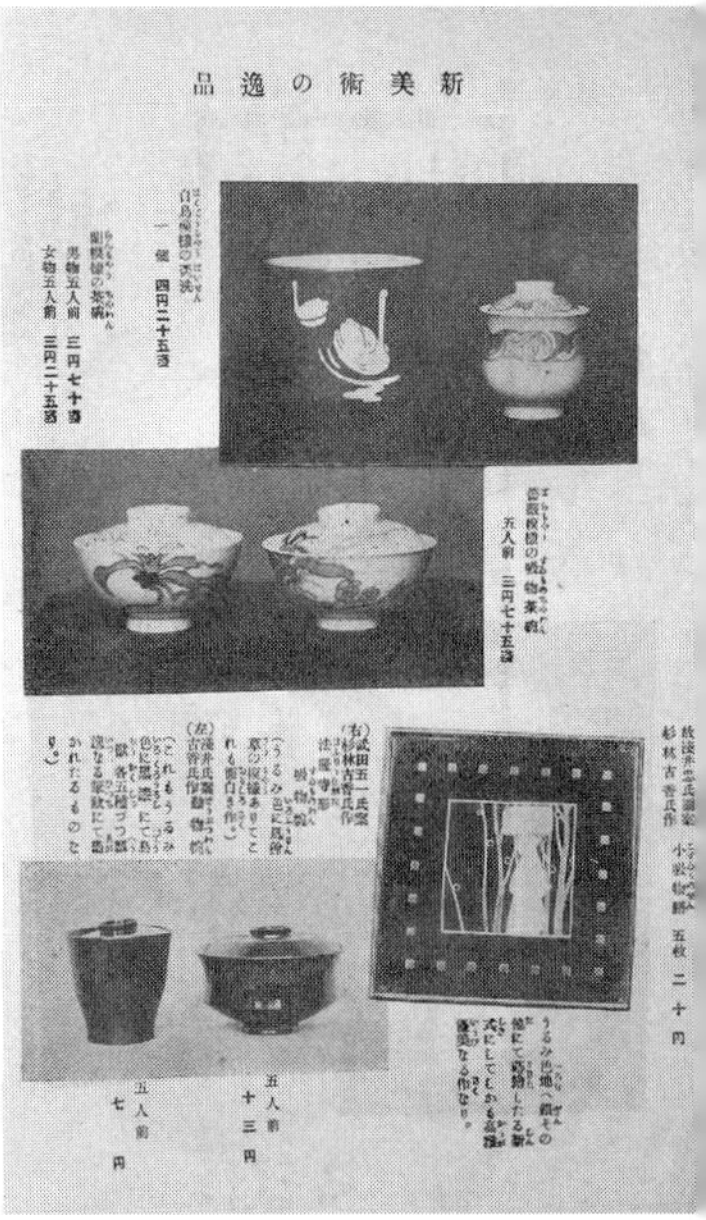

図3-1　新美術の逸品（『時好』第6巻5号より）

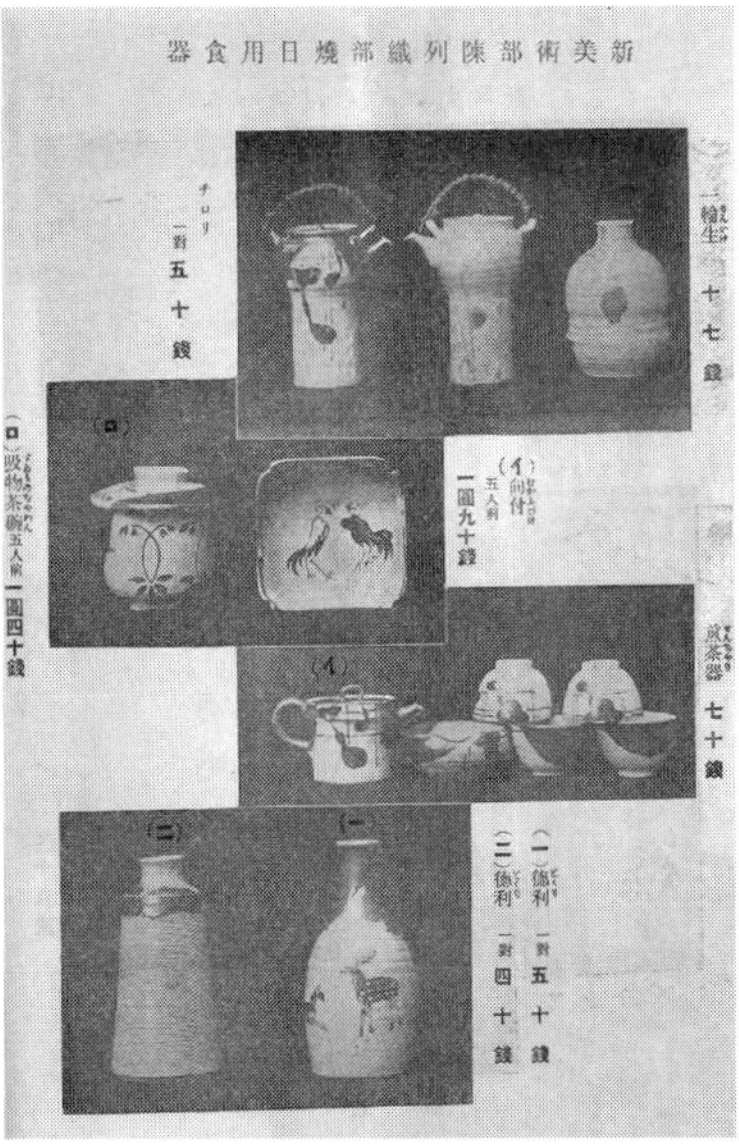

図3-2　新美術部陳列織部焼日用食器（『みつこしタイムス』第7巻7号より）

も手を広げていく中で企画されたものであった。その際三越では、その方向性を決定するのに慎重な態度を取った。展覧会開催にあたり、著名な工芸家たちに委員となってもらい、その内容を検討していく。八月末には高村光雲、海野勝珉、竹内久一を総代とし、石川光明、大島如雲、錦光山宗兵衛、宮川香山など一五名ほどが集まり(6)、出品作の選定を協議している。一部の参考品を除き、展示品は即売され、好評だったため以後、恒例の展覧会として続いていく(7)。同展は四年後に竣工予定の新館美術工芸品売り場開設を視野に入れ企画した展覧会で、会場となった東京本店三階の売り場は、「さながら日本美術のルーブル宮の如き心地」の空間となった(8)。

有望な市場を開拓した百貨店の美術部では、美術工芸品の展覧会を毎年開催するようになる。第二回の展覧会あたりからは一部諸国の名産品も展示され、以後、「地方色の著しきもの」は顧客の好評を得て、その展示数が増えていく。第三回展（一九一二年）の地方名産品は、薩摩名産薩摩焼の人形および茶器、岐阜名産一刀彫の煙草盆、印材香合など、鹿児島名産の錫の水注し、茶托など、佐渡名産朱泥焼の茶器置物、松江名産挽物の香合、茶器、奈良名産正倉院の合鞘刀子、土佐名産珊瑚の根掛簪の丸珠数などであり、こうした郷土の特産品への関心は、後述する郷土玩具趣味の高まりとも呼応するものとして捉えられるだろう(9)。第四回からは出品者・出品作の範囲を拡大し、付属の諸国名産品陳列も種類を増やしている。その翌年には新館落成に合わせて展覧会の規模をさらに拡大し、新たに染織刺繍なども加えた「三越美術展」へと発展することになった。委員には大島如雲、高村光雲、竹内久一、海野勝珉、宮川香山、白山松哉が就き、顧問は東京美術学校長の正木直彦に委嘱しており、出品作を即売していくという従来の方法に変りはなかったが、新美術部における「美術」の指し示す範囲が拡大されていくことがわかる。(10)

美術工芸品の中では、鑑賞目的の美術品としてだけでなく日用できるものへの関心も大きかった。すでにＰＲ誌では毎号のように食器類などが新美術部から紹介されるようになっている中、一九一〇年（明治四三）一二月には「会席膳部新製品陳列会」が催された。陳列されたのは、「天下第一流の美術工芸家」の手による膳、椀、茶碗、小鉢、屠蘇、組重といった正月の御客用の御膳に必要なものであった。清風与平、三浦竹泉、清水六兵衛、陶山、東山など、「其意匠の斬新奇抜なる、其品質の優麗典雅なる事到底坊間に鬻ぐ物の比にあらず、殊に品物には一々製作者の名を附し五客分宛に一纏めとして即売するものなれば、御客様に取りての利便此上もなく」という商品ばかりで、「苟くも一家を持ち給して芽出度き新春を迎へ給はん方々」の消費を促している。

このような美術工芸への関心の高まりの中で、これを消費という行為に直接結び付けるような風流道具会、日用食器会といった頒布会が次々と三越で企画されていった。この頒布会については後述するが、絵画のみならず、自邸に飾る、あるいは生活の中で使用すべきあらゆる工芸品が食器、人形、ときには家具類までも含む広汎な商品として販売されるようになっていくのである。

小芸術と百貨店

ロマン主義の誕生以降に強まった芸術至上主義は、一九世紀半ばになると fine art と呼ばれるような「純粋な芸術・美術」という概念を生み出した。これは他方で工芸に純粋芸術よりも低い地位を与えることになり、これらは応用芸術 applied art あるいは装飾芸術 decorative art として区別されるようになった。こうした純粋美術から除外された生活を彩る工芸品は、特に「小芸術 lesser art」と呼ばれることもあり、ウィリアム・モリス以来、工芸の地位の再評価が進む中、美術に並びたつ領域としての美術工芸が注目されるようになる。この小芸術は、日本においては明治以降の美術と工芸概念の成立過程において特に注目され、「応用美術」とも表現された。

西洋的な芸術概念がもたらされる日本で「美術」の概念が形成されていく様子については既往研究が増えているが、明治半ばのナショナリズムの高揚とともに日本美術が体系化される中、日本美術もまた、西洋的な芸術概念が前提となって日本の造形を歴史的に体系化し、その種類によって分類していくことになる。生活のための工芸品は、日本では古くから人々に広く愛好されてきた。これが西洋的な美術概念の序列化によってほかの美術と切り離されていく中で、工芸はデザインとアートの間で揺れ動くものになっていった。しかし、百貨店の美術部では、「絵画」か「工芸」か、という分類よりも、むしろ室内を飾るものということで両者が「美術」として括られ、商品として取り扱われることが多かった。

一九一三年（大正二）に開催された「現代大家小芸術品陳列会」は、現代の和洋の画家、彫刻家たちが制作した、自分の専門以外の装飾美術品を展示するという内容であった。その様子は、「さながら巴里のサロン・ドートンヌ」のような自由奔放さがあると評され、津田青楓による刺繍壁掛、焼画螺鈿入盆、バーナード・リーチによる花瓶やロシア式人形、岡田三郎助による小箱、藤井達吉による手箱、富本憲吉による菓子器、正宗得三郎による花瓶など、焼画、楽焼、革細工、薄銕細工などによる手箱、硯箱、花入、巻煙草入などが出品された（図3－3）。芸術家の手による日常の装飾品は、装飾美術の世間での流行を反映して会期延長となるほど大盛況となり、意外に多く売約済みになったという。(11)

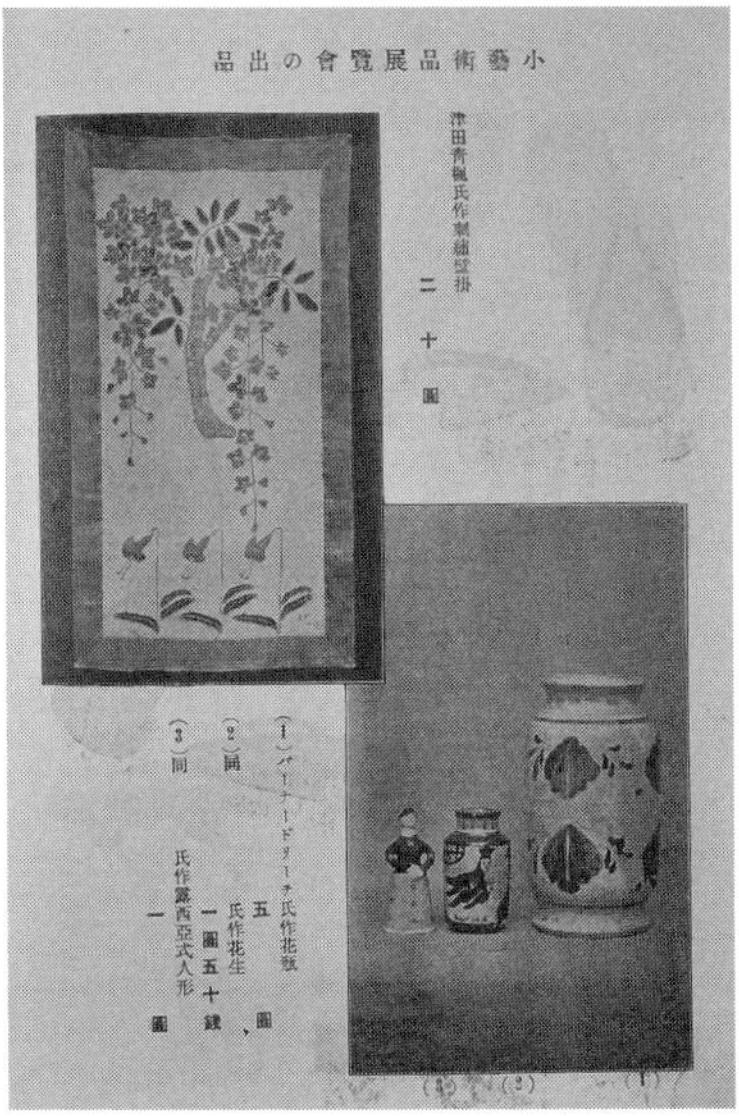

図3－3　小芸術品展覧会の出品
（『三越』第3巻3号より）

「中には本技より立ち優つた出来栄えのもあり」（『国民新聞』）

「『小芸術』という言葉は英語にも独逸語にもあるし、我国でも従来美術論の内には用ひられたが、一般にはまだ使はれてゐない、工芸美術とか応用美術とか云ふ方が寧ろ多く使はれている」（『読売新聞』）

「日本は元来この小芸術に優れた遺物を持つてゐる、古くは推古、奈良時代から藤原、鎌倉時代を経て、足利、徳川時代に至るまで一貫して立派な小芸術を持つてゐる。其の加工法も蒔絵、鋳金、象嵌、七宝など沢山の種類がある」

画家たちの余技なので技術的には稚拙であるが、意匠は面白いものが多い。かえって専門的ではなく素人っぽいところが、「芸術的香気と面白い雅味(12)」があるとして、次のように評価された。

「千利休が創った無骨な茶杓に千金を吝まず小堀遠州の好みの茶器に涎を拭ひあえぬ好事家は、此東洋の美術家が専門以外の芸術に施した技巧の余になれる作品に対して一層の敬意を払ふべきでございませう(13)」

金子賢治は、こうした美術部の在り方を、前述した「諸大家新作美術及美術工芸品展覧会」（一九一〇年）と「現代大家小芸術品陳列会」（一九一三年）の展覧会名で用いられている「美術工芸 art industry」と「小芸術 lesser art」という語から解き明かそうと試みている(14)。「諸大家」のように名のある作家による作品は「美術工芸」と表記されているのに対して、「小芸術」を「風流は西洋にもあり、風雅は若い芸術家の中にも匂い出しまする」[15]という言葉のとおり、比較的若い新進の作家の作品に対して用いられていることに金子は言及している[16]。こうした「小芸術」の展覧会は、明治四〇年代、三越以外でも複数開催されている。文展を頂点とする「大芸術」の権威が増していく一方、生活空間における工芸品への関心も高まっていたことがわかる。

日本に小芸術という概念がもたらされたとき、小芸術は生活のための工芸品という意味からさらに特化して、芸術家たちが趣味で制作した日用工芸品、という意味に向かうようになる。この点を強調している入江茂樹は、小芸術について特に芸術家たちが趣味の道楽として、アマチュアの立場で工芸作品を手掛けることを指すと定義づけている[17]。芸術家があくまでも素人の余技として制作しているということから商業的な色彩が少なく、結果的に芸術性が前面に出た作品となるため、工芸を美術の一領域として認知させるうえでは重要な動向であったといえる。余技で制作していて、金儲けのためではないため、作品は比較的安価に設定された。入江は中間層の家庭で購入しやすいため、中間層の家庭の室内の客室や書斎で私的に鑑賞されるようになり、新たな展示空間として室内が浮上してきたことを注視している。当時の中間層の間で室内への関心が高まりつつあったことは前述したとおりである。本来、日本の工芸美術は、掛け軸や陶磁器類など、常に私的な空間を使ってその美術的な価値を鑑賞するものであった。明治後半に大衆化が進むと、中間層における上流志向と、それゆえの美術コンプレックスを解消するために、衣服だけでなく自邸の室内装飾にまで、顕示的消費は拡大されていった。三越の新美術部の中では十五日会と同じように、日用品的な美術工芸品を、芸術家の余技と強調している。正統な日本画や洋画などの美術品ではなく、あえて日用品という設定であるため、消費者にとっては近づきやすい。趣味のよい生活を求めつつも、その判断基準を持たない人々にとって、名のある芸術家の作った日用品、というだけですでに作品自体が良い趣味の証となっている。この芸術家の余技としての小芸術品への関心の高まりは、大正初め（一九一〇年代）で終息してしまうが、小芸術品的な商品は、このあとに続く風流道具、十五日会の工芸品など新美術部の日用品に吸収されていく。小芸術と称する展覧会はそれほど続かず大正の初めで姿を消すが、百貨店においての「小芸術」とは本来、名のある芸術家の余技に限らず、まさしく風流な趣の日用品全般としての「風流道具」「御座敷道具」であったはずである。こうした生活雑貨商品群はこのあと、各百貨店において美術部、家具装飾部など複数売り場で展開され、「良き趣味」のスタンダードを築いていくことになる。

美術から風流商品へ

北村直次郎は大阪三越でさまざまな美術に関する企画を担当したが、その一つに一九一三年（大正二）に結成された美術工芸家たちの団体「十五日会」がある。京都の清水六兵衛、河村蜻山、杉林古香、迎田秋悦、西川一草亭、大阪の田中祥雲、天岡均一、今戸精司、大國壽郎、奈良の富本憲吉、東京の朝倉文夫、建畠大夢、香取秀眞らによる「諸芸術の研究団体」で、毎月一五日に会合を開き、新しい芸術についての意見を交わした。その成果としての第一回展が早速、一九一三年（大正二）五月に開かれ、以後、一九年まで続いている。大阪三越の新美術部の売り場の一部にも「十五日会」の棚が常設され、彫塑、鋳金、蒔絵、陶器、図案、装飾など、その作品は多分野にわたり、花瓶や文箱、扇子、団扇、菓子器、皿、煙草入れなど、趣味の生活雑貨というべき小品が多く発表された(18)（図3－4）。小芸術としての美術工芸品は、その名を冠する展覧会などは大きな展開は見られなかったが、百貨店においては新美術部の中でこうした形で生き残っていったといえるだろう。それらは、何よりもまず中流層の住まいの座敷を飾り、もてなしのための道具として用いられる商品であった。一連の風流道具の人気を考えるなら、西洋の Lesser Art の翻訳的な商品以上に、こうした江戸以来の好事家の趣味を継承するような、茶道具や座敷のための商品として人々に受容されていったのである。

また、三越では一九一四年（大正三）から頒布内容を日用食器に限定した「日用食器会」を組織している。趣旨によると、一二年に組織された頒布会「風流道具会」（後述）の予想を上回る成功を受け、三越ではこれを日用食器に応用してほしいという客からの要望に応えた。月々四円で一年の間に計二二種類七九点、松竹梅の模様で統一された、五客揃のさまざまな食器が揃うという趣向で、宮永東山(19)の監督により京都の名工たちの品が集められた。

「御家庭の日用品として勿体なしと思はるゝ方々は、お客もうけの食器とせらるゝも恥かしからず、風流道具会の配品と共に、一種の家庭の飾りともなるべし[20]」

価格は会員制度で一度に多数製作するため安価になっているという。風流道具にしても、この日用食器にしても、もはや名工の具体的な制作者名は付いておらず、左の一覧に見るように、蜻山製、東山製作品と記されている程度の品質保証で、限りなく一般の商品に近いものになっている（図3－5）。

七月　窯変　松模様　菓子器　蜻山製
　陶器　竹模様　番茶器　同
八月　磁器　松模様　吸物椀、東山製
九月　磁器　梅模様　刺身皿　東山製
一〇月　漆器　脇取
　磁器　氷梅模様　醤油注　東山製
　磁器　若松模様　醤油皿　東山製
一一月　陶器　梅模様　飯茶わん　蜻山製
一二月　磁器　松模様　酒器　東山製（徳利、盃、徳利袴台）
一月　漆器　妹塗竹模様　吸物椀

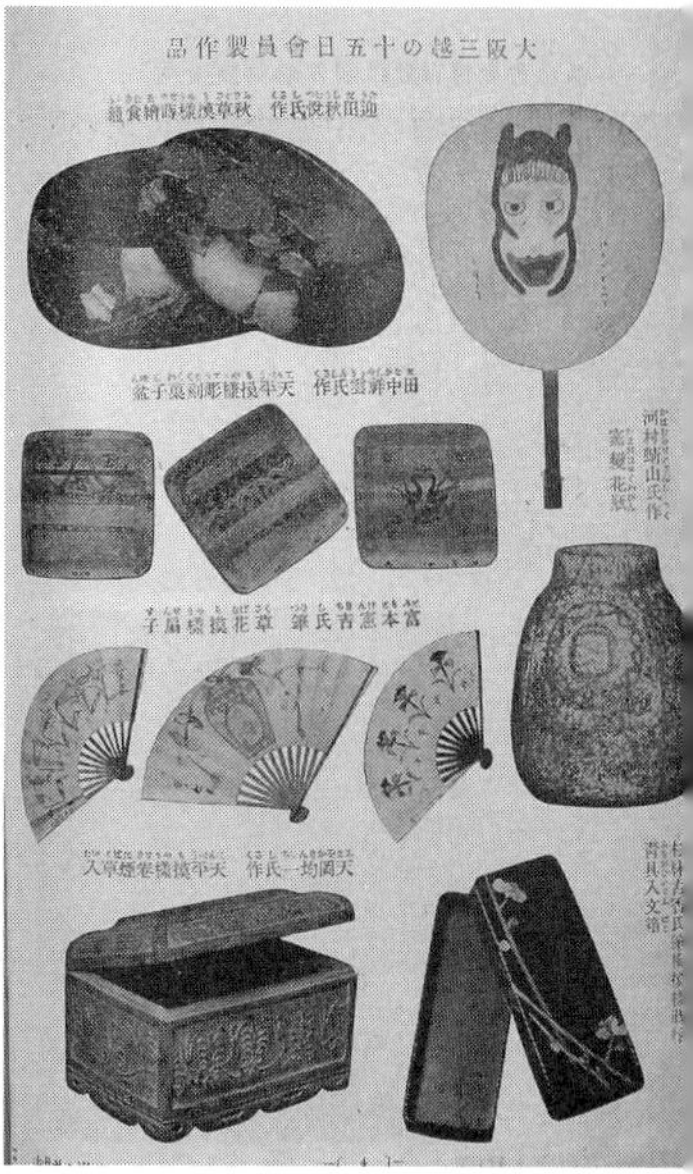

図3-4　大阪三越の十五日会員製作品（『三越』第3巻8号より）

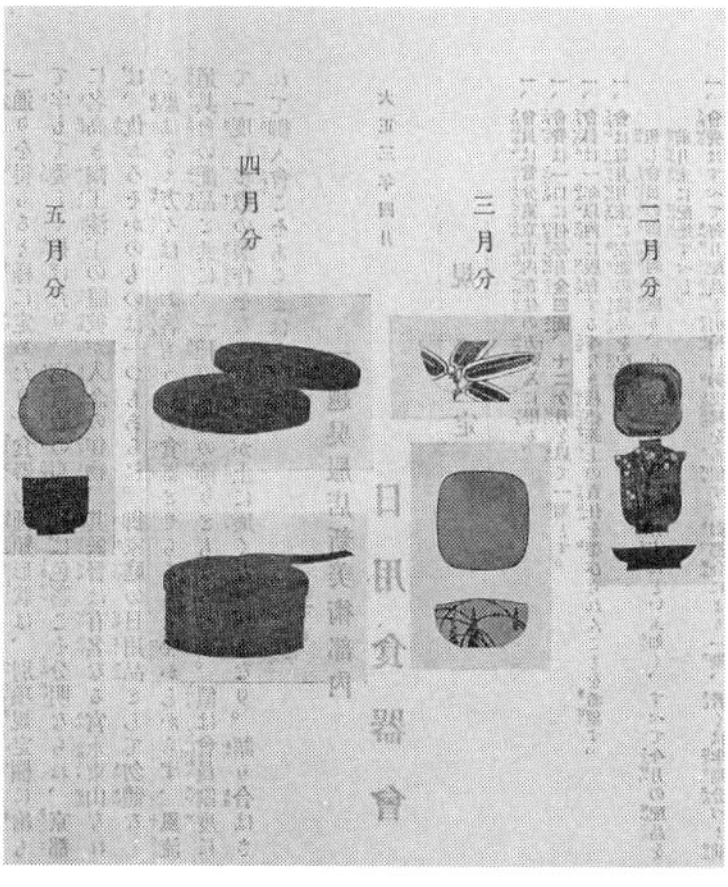

図3-5　日用食器会に出品された作品（『三越』第4巻4号より）

二月　陶器　梅模様　蒸物椀　東山製
三月　陶器　竹模様　向付　蜻山製
　　　陶器　笹模様　漬物鉢　東山製
四月　漆器　飯櫃杓子　給仕盆二枚　飯器
五月　窯変　竹模様　大猪口　蜻山製
六月　漆器　会席膳

『みつこしタイムス』では一九一〇年（明治四三）頃から洋食器やカトラリー、灰皿もしばしば掲載されるようになっている。国内外の洋食器については、新美術部の扱いではなく雑貨として販売されている。金属工芸、特に銀器についてもやはり同じ頃から和風の銀器は美術部で、洋風の銀器は雑貨部が取り扱うという、不思議な住み分けができ、はたして新美術部なのか、食器売り場なのか、混乱がしばらく続いていく。この並走は、人形に対する児童用品売り場、遠州棚や火鉢、衝立など和家具に対する家具売り場などにも同様に見られた。どこからどこまでが新美術部の範疇なのか、もはや不明瞭な状況となり、新美術部のカバーする範囲が生活全般に及んでいったことがわかる。

2　風流道具の展開

「風流道具会」

2章で述べたように、百貨店美術部の絵画や工芸品は純粋な美術品というだけでなく、新中間層が新たに住まいを持つ際、室内を飾る「趣味の良い」装飾品としての需要が高かった。床の間に何を飾るか、新しく一部屋だけ設けた洋間に、どのような絵画や彫像を置くべきかなど、彼らは自らの社会的地位を調度品で示そうとしたが、この延長として生活の道具類「風流道具」が生み出された。

一九一二年（大正元）九月、三越新美術部で「風流道具会」が組織された。[21]「捻った、洒落た家庭日常の手廻り道具、さては純日本風の装飾器具などを同好の方々に頒たう」[22]ことを謳った頒布会で、毎月三円五〇銭、一二ヵ月を一期として、毎月商品が届けられる。通常、工芸美術品を特注する場合、有名な作家の手によるものであれば非常に高価になってしまい、また量産品となると廉価だが凡庸なものになってしまう。これを解決するため、数量限定で店が特約した有名作家に依頼することで、質を落とさず価格を下げることに成功したという。第一期の配布予定商品は次のとおりである。

一月　棚物　遠山台（図3－6）

二月　是眞好みの小形火鉢　巻莨箱
三月　有職式八角形三重菓子器　菱形菓子器盆五枚
四月　御座敷用でんがく器五客重　木皿五枚
五月　酒器徳利袴各一對づゝ盃洗同臺盃付
六月　莨盆一對
七月　桃山形釣燈籠
八月　御座敷用の蠅張
九月　見臺
一〇月　番茶器、菓子器付
一一月　賣茶翁好み、器局
一二月　御座敷用蒸籠　木皿五枚

この頒布会は好評だったようで、引き続き二期、三期の募集が行われている。

第二期　配布予定品（確定分）
一月　有職式吸物膳五人揃

二月　銅一輪生菱形薄板付
三月　古代大内式女持手文庫
四月　巻莨道具、灰落、巻莨箱、盆付
五月　臺もの入外に竹正にて手拭入り　貳個
六月　浴衣掛
七月　盛花臺花留付
八月　風呂先屏風
九月　月見棚
一〇月　脇机
一一月　祝人形置物
一二月　水屋棚
第三期　配布予定品（確定分）
一月　菓子箪笥　菓子器付
二月　袋形籠花生
三月　六歌仙の蒔絵　菓子盆六枚　手提箱入
四月　寝覺棚　盆付

五月　兜形湯沸
六月　江戸式疊込食事臺
七月　有職式　御翠簾屛風
八月　武蔵野模様蒔絵付　實石箱
九月　小形用簞笥
一〇月　是眞好　菊蒔絵硯箱　硯、水入付
一一月　二重　祝重　重臺付
一二月　有職式　香棚

「実用的で、その癖如何にも風流な面白い趣味ふかいもの(23)」という趣旨から製作されたのは、火鉢、茶器、菓子器、莨道具、床飾、小机などで、「是眞好み(24)」「有職式」などと良い趣味を想起させるような説明が付けられた商品が消費者に提供された。価格の安さだけでなく、江戸趣味的な風流への憧れはあるものの、それをどのように獲得すればよいかわからなかった人々にとって、百貨店がセレクトして提供してくれるこれらの商品は、非常に魅力的なものであったと思われる（図3－7）。「風流道具会」は好評のため第三期まで企画されることになるが、その頃から、三越では風流な、趣味の良い装飾品、雑貨類の販売に力を入れるようになっていく。

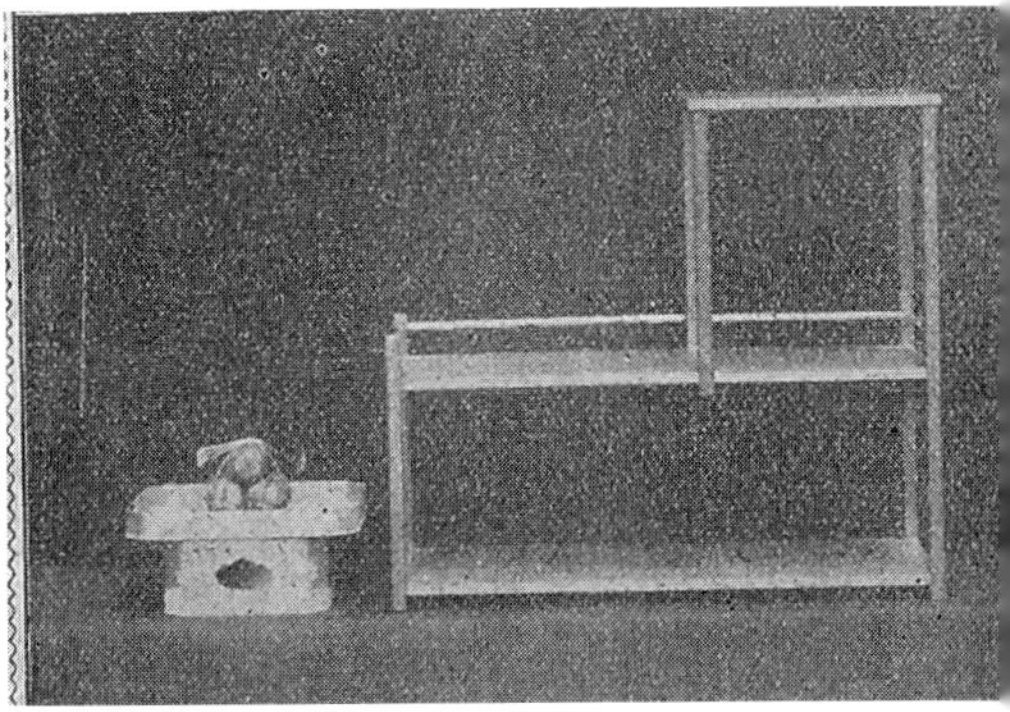

図3-6　風流道具会に出品された棚物と遠山台（1912年1月、『三越』第2巻第11号より）

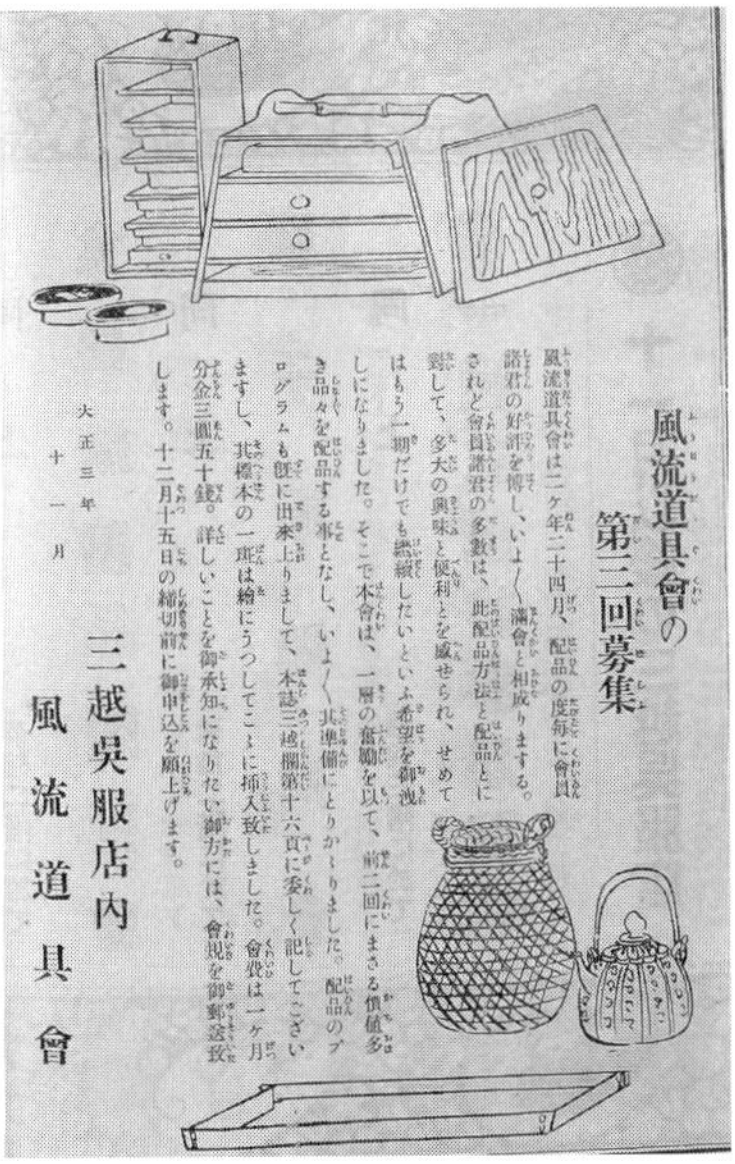

図3-7　風流道具会の第3期募集広告（1914年、『三越』第4巻第11号より）

図3－8　第2回抹茶及び煎茶器陳列会に出品された作品
（1916年、『三越』第6巻第9号より）

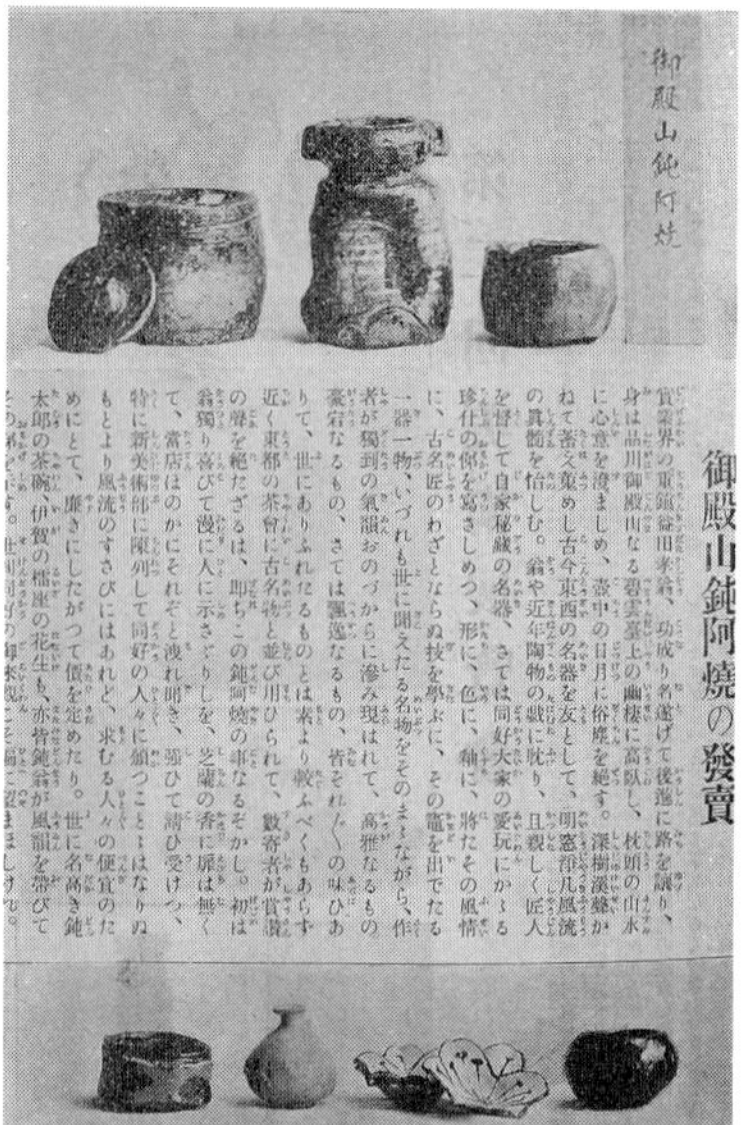

図3－9　御殿山鈍阿焼の発売広告
（1915年、『三越』第5巻第10号より）

茶道具販売の大衆化

1章でも述べたように、明治後半、いわゆる「実業の茶」の興隆により社会的地位の証として茶を嗜む実業家たちが急増し、道具類が高騰した。[25] こうした茶の湯の趣味が、大正に入るとさらに大衆化され、表面的な風流を道具だけでも手に入れたいと願う中間層も現れるようになっていく。一九一五年（大正四）九月、三越店内で

「抹茶及び煎茶器陳列会」が開催されている。紹介記事には「風流の客には見のがすべからざる催し」[26]と小見出しが付けられ、「其風致なり情趣なりが、似而非風流の捻り屋一輩の製作とは其選を異にし、三嘆に値ひするものが澤山にございました。」[27]とあるように、同時代の名工に製作を依頼した茶器、その他道具類が販売された。この茶道具の陳列会はその後も毎年開かれており、人気を博していた（図3－8）。

一九一四年（大正三）に完成した三越本店新館の屋上には茶室（空中庵）が設けられ、光琳茶会[28]などの催しが行われた。三越の経営者たちが近代茶の湯の実践者であったことは知られているが、こうした近代数寄者たちの動向は当然のことながら、その下に続く中間層にとって魅力的な趣味のモデルとして映ったと思われる[29]。ただし、骨董的な価値のある茶器は高額すぎて中間層には手の届かないものであるため、百貨店では同時代の優れた作家に依頼して新しい商品を比較的低価格で発売した。益田鈍翁（孝）が自邸で作成した御殿山鈍阿焼（図3－9）までもが商品として販売されており[30]、風流道具の頒布会の手法の延長上とも位置づけられる試みが多く見られるのである。さらに、実際には茶の湯を嗜む中間層だけでなく、その雰囲気だけを風流道具をとおして表面的に採り入れるという人々も、少なからずいたものと思われる。

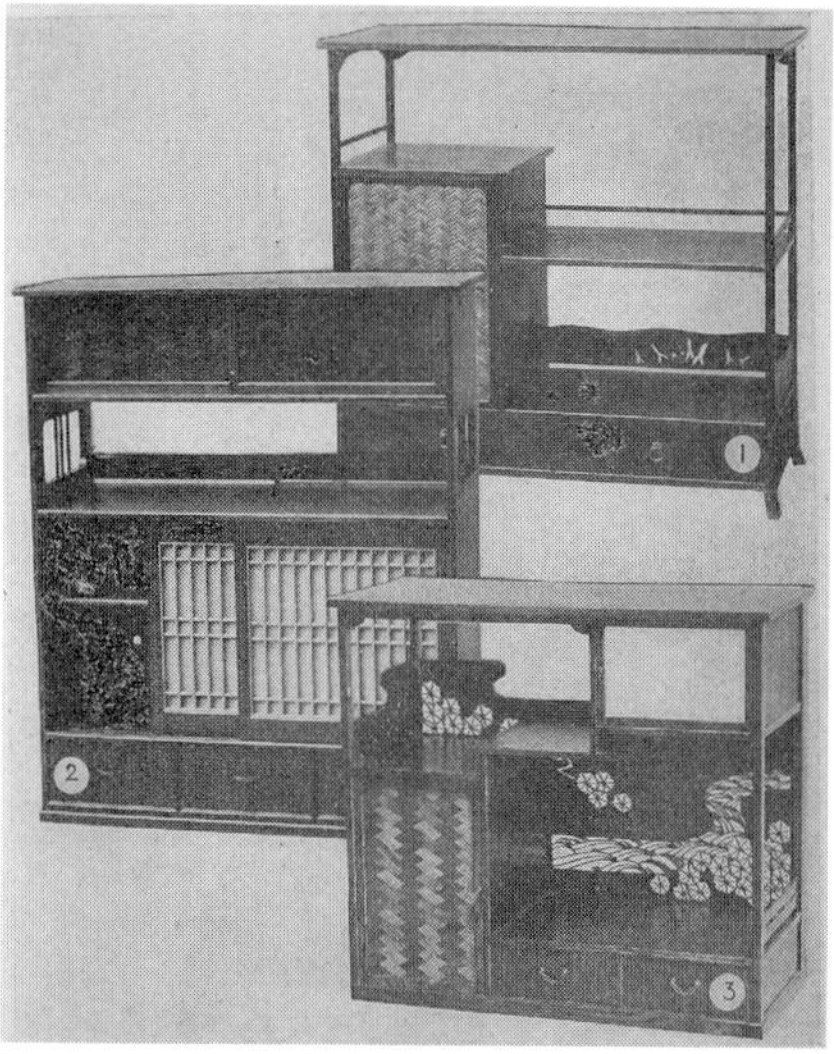

図3-10　新年御座敷装飾用棚
（1918年、『三越』第8巻
第1号より）

3-11　漆蒔絵の火鉢（1919年、『三越』第9巻第11号より）

図3－12　さまざまな莨盆
（1919年、『三越』
第9巻第5号より）

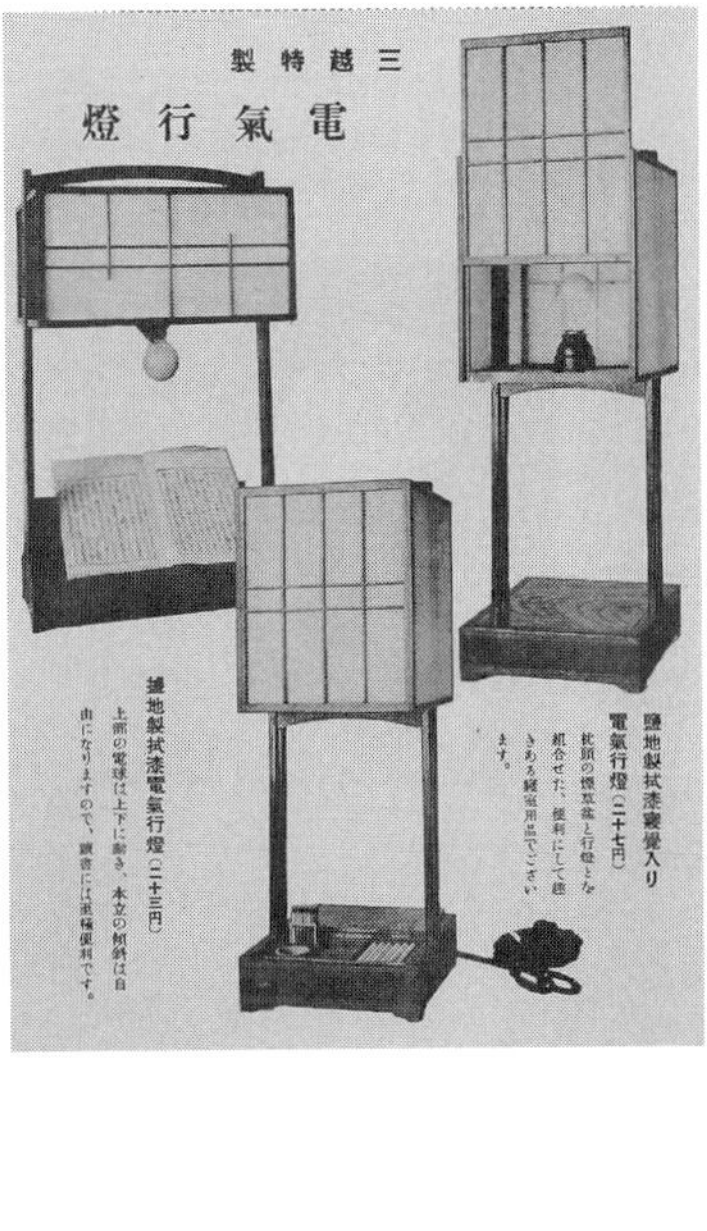

図3－13　三越特製電気行灯
（1925年、『三越』第15
巻第10号より）

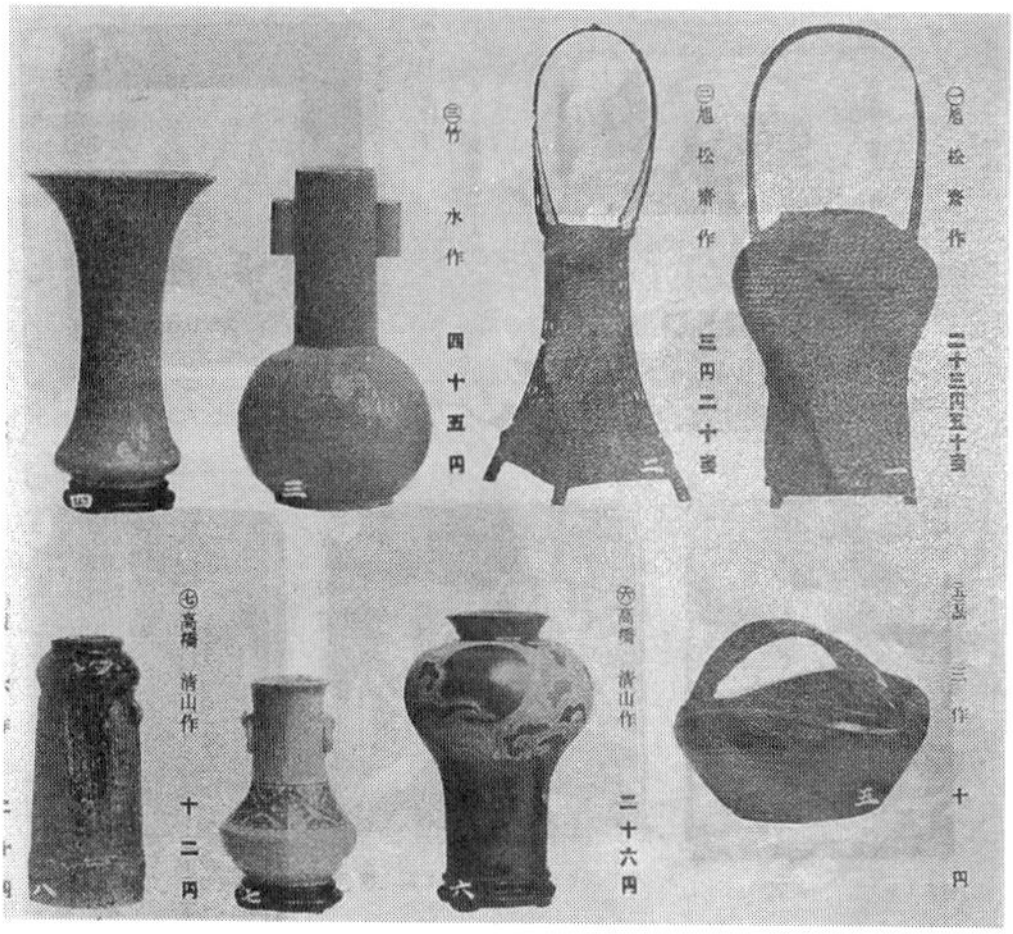

図3-14　新製の挿花器（1919年、『三越』第9巻第5号より）

図3-15　楽焼の蚊遣（1919年、『三越』第9巻第6号より）

図3－16　虫籠と金魚鉢（1922年、『三越』第12巻第7号より）

御座敷道具

さらに、同じ一九一五～一六年頃から年間をとおしてカタログ頁で目立つようになるのが、風流道具会でも販売されていたような、趣のある雑貨類であった。これらの商品は一九年頃から「御座敷道具」と呼ばれ、季節に応じ意匠を凝らした飾棚、火鉢、莨盆、行灯あるいは雪洞風照明器具、屏風・衝立、蚊遣器、花器、その他日常雑貨類が多く販売されており、それらの

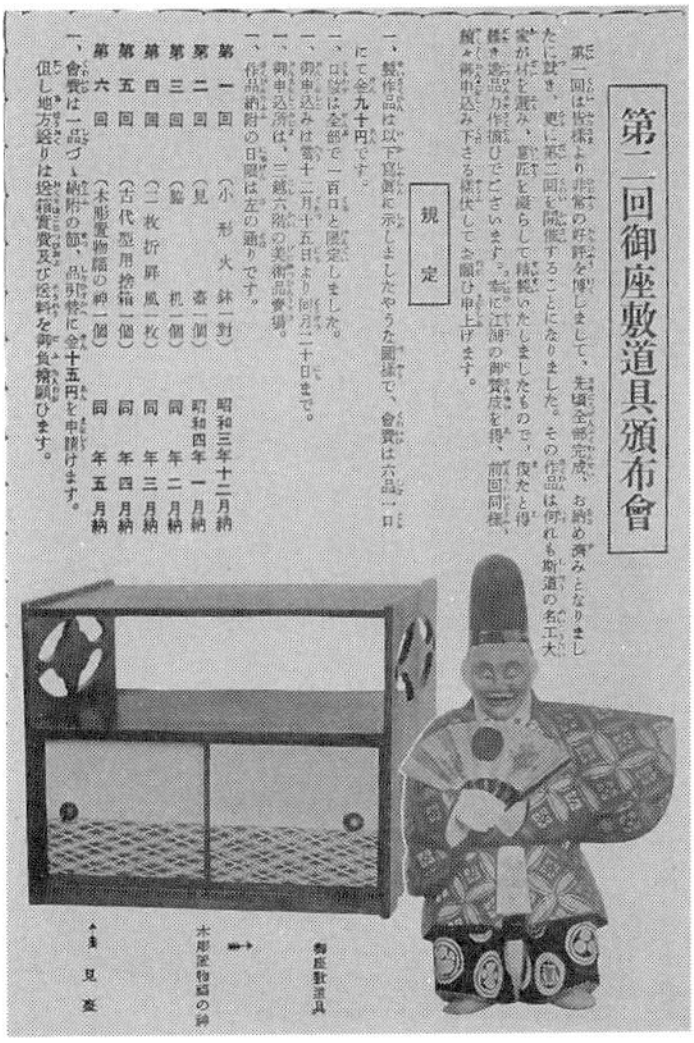

図3－17　第2回御座敷道具頒布会の案内（1928年、『三越』第18巻第12号より）

商品は美術部と家具部によるものが大半を占めていた[31]（図3-10〜16）。商品の中には、「不昧公好み」と名の付いた菊の模様の施された莨盆や漆蒔絵の火鉢がある一方、行灯風デザインの電気スタンドといった現代生活の必需品、さらには民家をかたどった蚊遣器など、工芸品と便利な日用品の間の微妙な商品デザインが多く見られた。新美術部創設以来、美術工芸品と生活雑貨・室内装飾品の区別は曖昧であり、生活に美的な要素を採り入れる風流な雑貨類は、まさしくその中間的な商品として、人々に消費されていたと思われる[32]。

この傾向は、昭和に入ってからも続いていく。一九二八年（昭和三）一二月には、「御座敷道具頒布会」の募集記事が『三越』に掲載されている[33]（図3-17）。以前の風流道具会と同様、名工に依頼した道具類を毎月届けるという企画で、全六品で六回分が九〇円（ひと月一五円）、一〇〇口限定で、小形火鉢、見台、脇机、二枚折屏風、古代型用捨箱　木彫置物福の神が配布されている。依然として風流な道具類は、消費者の間で人気が高かったことがわかる。こうした風流商品については、現在、『三越』が閲覧可能な一九三三年（昭和八）までしかカタログ上では確認できないが、その後の展開は次に述べる家具装飾部の陳列会の様子から知ることができる。

3　昭和初期「国風」デザインと江戸趣味

和風インテリアの需要と美術部の室内装飾品

百貨店における新たな市場開拓は、家具装飾の部門でも活発に行われた(34)。船舶その他公共的なインテリアを手掛ける髙島屋に対し、百貨店の主要顧客である中間層の住まいを対象とした家具販売に力を入れたのが三越呉服店であった。百貨店の家具装飾部では明治末から中間層の在来和風住宅という条件の中で、いかに新しい生活スタイルを実践するか、具体的に「趣味の良い」和洋折衷の形を示すか、という課題に取り組み始めた。

すでに『百貨店の文化史』本章註(34)述べたように、新規の市場開拓を積極的に行なっていた初期百貨店において、室内装飾や家具販売もまた、重要な部門であった。在来和風住宅への不満が都市の中間層を中心に起こってくる明治末頃から、一部洋風の生活を取り込む和洋折衷式の住宅が見られるようになっていく。持家を購入するのは難しく、あるいは大規模な改修などもできない借家暮らしの中間層にとって、住まいの一部を洋風にアレンジするという程度が、許されるアレンジであった。建築の専門家には、こうしたライフスタイルは非合理的な二重生活として非難されるが、実際には多くの中間層がこの折衷的なライフスタイルを志向していた。ここに着目した百貨店では、中間層に向けた、購入しやすい低価格のセット家具販売を行うようになる。三越の初代の家具装飾部の主任となった林幸平が「折衷的室内装飾について」[35]で述べているように、和室を違和感なく洋風に使うという提案は、当時の中間層にとっては現実的であり、そこでは機能というよりもあくまで趣味としての和洋の折衷が紹介されている。

こののち、三越では「憧れの洋風生活を、国産の商品で手軽に購入できる」という名目で、積極的に量産家具の販売促進を展開していく。店内に国産家具を用いたイングリッシュ・コテージ風のモデルルームを設置し、応接室や書斎といった室内の用途や広さに応じた家具のセット「三越セット」を開発するなど、精力的に洋家具販売の大衆化を進めていく。中でも籐家具は、台湾での生産体制が整う中で最も廉価に購入でき、しかも和室と相性の良い洋家具として、中間層の最初に買い求める洋家具として人気を博していく。素材が和室と相性が良く、軽量、安価であるという理由から、戦前期、洋風生活に憧れる人々の中で最初に浸透していったのが、この籐家具であった。

この洋風生活への憧れはその後、橋口信助の住宅改良会が刊行していた雑誌『住宅』[36]をはじめ、多くのメディアをとおして増幅していくことになる。東京平和記念博覧会（一九二二年〈大正一一〉）をはじめ、大正期から増えていく個別テーマの博覧会にも洋風の文化住宅が展示され、より具体的な洋風生活のイメージを人々に与えるようになっていく。そして、百貨店の家具装飾売り場もまた、こうした人々の洋風生活への憧れを抱かせるようなモデルルーム方式の展示を早くから採り入れ、のちの家具陳列会へと続いていく。室内装飾部門が設置された当時、外部の船舶、官庁、会社などからの依頼を中心に、その内装を手掛けていった髙島屋とは対照的に、三越では、来店する新中間層を視野に入れた、購入しやすい洋家具の販売を中心に事業展開をしていった。

しかし、そうした洋風空間を自邸で実現できるのは、わずかな人々に限られていた。実際に都市中間層の住まいは、先にも述べたように借家の和風住宅であり、一部洋風生活への憧れはあるものの、彼らの中に和風趣味も当然あったはずである。しかしながら、日本室を洋風にアレンジする類の記事はあっても、日本室をそのまま和風趣味で調えるための記事は、家具部の記事としては『三越』の中にはほとんど見られず、むしろ新美術部の床の間を飾る記事の方が目立っていた。「家具装飾」という新しい部門で積極的に販売されるのは洋家具であり、和家具あるいは和風の調度品については、家具部ではなく新美術部で制作されるものも多かった。この状況は次に述べる国風デザインの中で和家具や和雑貨が注目を集めるまで続いた。実際には和家具の需要は少なくなかったはずだが、家具部としては洋風生活を前面に出す一方で、人々の和風生活への需要に対しては、便利な電化製品を備えるなど近代的な生活を担保しつつも、風流道具のような趣味の良い日用品を「新美術部」の商品から揃えていく、という提供の仕方を取ったのである。

国風デザインの流行

新しい生活の提案にはモデルルーム形式の家具装飾展示という、わかりやすい方法が取られ、大正後半になると「家具陳列会」というイベントに発展していく。白木屋、松屋、大丸、松坂屋なども加わり、百貨店各店では競ってこの陳列会を催すようになり、昭和に入る頃からはアール・デコをはじめさまざまな流行のスタイルが陳列され、美術展のように注目を集めていく。中でも一九三五年（昭和一〇）前後から目立ったのが「国風」と称されるスタイルであった(37)。国粋的な気運の高まる当時、それまで追随してきた西洋近代の文化とどう折り合いをつけるか、さまざまな領域で課題となっていくが、デザインの分野においては特に大正後半から流入してきたモダニズムの表現が、社会主義的な表現として弾圧される危機に直面した。この危機を回避すべく、モダニズムの建築家たちによってブルーノ・タウトが招聘され、桂離宮や伊勢神宮など日本の伝統美をモダンデザインの共通項として語ってもらうことで、モダンデザインの意義を国内で高め、生き残りを図っていったことは、周知のとおりである。建築の分野では、すでに一九二七年（昭和二）の藤井厚二に始まり、堀口捨己など、西洋の機能主義的なモダニズムの思想を取り入れつつ、数寄屋建築を参照し、デザインの本質的な部分での和洋折衷の試みが見られるようになっており、さらに吉田五十八に代表される近代和風建築と呼ばれる新しい日本的モダニズムの表現が模索されていた。髙島屋の美術部では、民芸とのつながりからシャルロット・ペリアンの来日時にペリアンの個展を開催しており、タウトと同様、日本の伝統的な材料や技法を用いたモダンデザインの正当性を国内で強調することになった。

しかし、こうした動向の一方で、帝冠様式のような表層的な日本と西洋近代の折衷も根強く残り、日本の伝統的な「和」と西洋近代をデザインとしてどう融合させていくか、定まった解が出ることはなかった。この中で、百貨店を中心としてインテリアの世界で展開されたのが、「新日本調」あるいは「国風」と呼ばれる和洋折衷の表現であった。インテリアにおける和洋折衷は、中村順平[38]が岩崎小弥太の東京・鳥居坂邸（一九三〇年）の室内装飾を手掛ける頃から、新しい日本のスタイルを意識した「新日本調」といったものへと収斂していく。中村が手掛けた和風邸宅部分のインテリアは、漆工芸家・松田権六[39]の協力により漆を駆使した和家具的なテイストの洋家具が多く用いられた。さらに昭和一〇年代に入るとその意匠は「国風」と称され、「橿原丸」「八幡丸」など豪華客船のインテリアに盛んに用いられるようになる。アール・デコ風の幾何学的なデザインをベースに、漆の木枠を使用した和風の洋家具や照明器具に和の壁面装飾などを融合させた国風デザインは、それまでのようなジャポニスム的な日本趣味ではなく、国威発揚のための「近代国家としての日本」を強調する表現になっている（図3－18）。

この流れを受け、一九三五年（昭和一〇）頃から各百貨店でも盛んにこれまでの和洋折衷のインテリアを「国風」スタイルという名の下で新たな流行のスタイルとして紹介するようになる。しかしながら、漆や緞を駆使した和家具職人による洋家具は、日本らしさを単純にモチーフとして取り込むパ

図3－18　新田丸一等食堂

ターンが多く、同時代の近代和風建築に見られるようなモダンデザインと和の融合というよりも、大衆にとってのわかりやすい「和」の表現になっていく。例えば一九三六年（昭和一一）に上野松坂屋で開催された「国風家具展」は次のように紹介されている。

「近時國風尊重の思潮に伴ふ極めて必然的な発芽であつて、古くは藤原時代に遡り、鎌倉、室町、桃山、徳川と、各時代の古典家具並に工藝の伝統を究めて、之を近代的な解釈のもとに咀嚼再吟味し、或は素朴閑雅に、或は典麗優雅に、或は明快に、和洋の渾然たる融合を索めて意匠制作せるもので、畳敷の純日本座敷にさへ置かるべき和風趣味横溢の作品揃ひ

図3－19　国風趣味の寝室用家具（松坂屋「国風家具展」、1936年）

である」[40]

藤原時代の御帳台の意匠を意識した鏡台やベッド（図3－19）、障子や火灯窓の意匠を部分的に取り付けた応接間用家具（図3－20・21）など、日本のあらゆる歴史的な装飾様式を近代生活に具体的に採り入れるというその国風趣味は、限りなくキッチュな和風といった趣向になっており、「近代日本調」はここにきて少し変調をきたしていることがわかる。

江戸趣味としての国風デザイン

こうした国風デザインは、これまで展覧会趣旨をそのまま字義どおり理解し、時局の流れを受けた国粋的な気運から生み出された日本趣味であると解釈されてきたが[41]、国策的な意味合いの強い船舶装飾なら妥当な理由ではあっても、単に日本間に合う洋風インテリア

図3-20　国風趣味の居間用家具（松坂屋「日本座敷に適はしき国風家具展」、1936年）

図3-21　国風趣味の応接間用家具（松坂屋「国風家具展」、1936年）

を欲していた一般消費者に向けて提案されたデザインとしては、かなり無理があるようにも思われる。しかし、これを同時代の百貨店の顧客に影響を与えていた好事家的な江戸趣味との関係で捉えなおすと、異なる見方が可能になる。

この百貨店の趣味の世界と国風との関係を裏づけているのが、当時の各百貨店の国風家具展と並行して開催されることの多かった和家具展の存在である。和家具展では国風インテリアに合う和家具や工芸品的日用雑貨が展示され、趣向を凝らした飾棚や照明、火鉢や莨盆、蚊遣などは、明らかに前述の「風流道具」「御座敷道具」と同じ系譜のもので、おそらくかなりのものが新美術部で作られたものと思われる。また、この頃の三越の催事記録を見ると、「雑貨逸品会」「趣味の雑貨陳列」という催事が頻繁に開催されていることがわかる。特に「趣味の雑貨陳列」は、関東大震災で中断していた流行会の後継の組織「時好倶楽部」の主催となっており、単なる生活用品の展示ではなかったことが想像できる。この陳列会は一九四〇年（昭和一五）まで毎年四月と一一月に開催されるが、そこに見られるのは国粋の気運というよりも、根強い和風趣味への嗜好であり、風流な商品の需要が高かったことを示すものだと思われる（図3－22～25）。

三越史料室の調査で確認できた「東海道五十三次　家具小物図案集」（図3－26）は、東海道の宿場に因み、各地の名産や名物、古典文学、歌舞伎などのエピソードを加味したデザインの雑貨類の、まさしく「風流道具」であるといえる。その意匠の趣向は、「お題に因む」という江戸以来の好事家の

図3－22　飾棚と衝立
（高島屋「新興漆芸家具創作展」、1936年）

59 飾棚

60 大形行燈

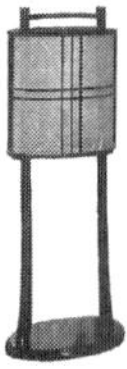
61 丸形行燈

62 机

63 船形スタンド

図3-24　火鉢（三越「趣味の和家具展」、1936年）

図3-25　衝立・新聞入・衣裳入・衣裳盆
（三越「趣味の和家具展」、1939年）

▶図3-23　食卓・飾棚・行灯・机・船形スタンド
（三越「趣味の和家具展」、1936年）

図3－26　「東海道五十三次　家具小物図案集」
（三越史料室所蔵）

系譜の延長上にあるものと考えられる。東海道に因んだ商品企画は同じ頃、呉服模様や帯、羽織、草履、さらにはハンドバッグなど服飾雑貨類でも見られ（図3－27・28）、三越史料室にそれらの図案集が残されている。アール・ヌーヴォー風のモダンな洋風デザインの影響も一部見られるが、多くは葛飾北斎や歌川広重の浮世絵の一部を再現した図柄、琳派風の図柄など、江戸趣味的なものである。

これより早く、『鈴菜遺稿』の松阪青渓の追想記では、北村鈴菜が美術と衣裳を結び付けた試みとして、一九〇八～〇九年（明治四一～四二）頃に初めて白地の塩瀬の帯に諸大家が肉筆画を描いて展示するという企画が紹介されている(42)。栖鳳、芳文などによる「肉筆帯地」は、肉筆の団扇や扇子の延長ともいえるが、美術が呉服に直結していく百貨店の、北村ならではの試みといえるだろう(43)。これら呉服商品は、もはや呉服図案からは完全に逸脱しており、美術的意匠をそのまま転用している。一九三五年前後に制作された東海道に因んだ一連の服飾雑貨の図案も、その流れを受け継いだデザインといえる。呉服と「美術」

（表つづき2）

吉田	屑箱	鹿の子はぎ合わせ（俗曲に因みて）
赤坂	小箱、菓子器	きつね形（豊川稲荷）
岡崎	菓子器	瓢箪形
知立	虫籠	八橋の上に在原業平の冠（伊勢物語・能「杜若」より）
鳴海	テーブルセンターとクッション	なるみ絞り
宮	煙草セット	神器（熱田神宮）
桑名	菓子器とかぶら盆	焼蛤（菓子器）、器（かぶら盆）
四日市	ボンボン入（菓子器）	米俵
石薬師	電気スタンド、炭入	
水口	吊り下げ花器	名物ひょうたん
草津	楊枝入れ（菓子器）	名物よもぎ（竹材によもぎの模様：竹の中のよもぎ）
大津	紙屑入	大津絵の画題（鬼の寒念仏の奉加帳、ひょうたん、なまず、藤娘）
京都	屏風	鴨川に京友禅　渡橋に茶摘み人形を配す

（註）「意匠・由来など」欄の下線部分は図案集中の書き込みを示す。

（表つづき1）

由井	電気スタンド	広重菩薩峠の図
興津	盆	魚と波模様
江尻	手拭置（ソバザル）	舟形
府中	団扇差し	徳川の葵と川の流れ（安倍川）
鞠子	器（タバコ？）	薯蕷汁（山芋）
岡部	火鉢、笈形花差し、皿	宇津ノ谷峠　伊勢物語の紅葉、蔦の細道
藤枝	菓子器、花差し、団扇差し	藤の花、藤娘
島田	花器？	川止めの間に舟に巻き付く朝顔（浄瑠璃「生写朝顔話」から）
日坂	小物入れ(みだれ籠)、鎧戸式硯箱	小夜の中山の夜啼石
掛川	葛布張小箱	掛川の土橋　葛布の名産地
見附	生花の台と花入れ	杉皮付の小丸太（天竜川の筏）
	三味線掛け（手拭掛応用案）	金札を付けた鶴（源頼朝が逃がすという伝承）、ささりんどう 見附の原に源頼朝鶴の足に金札を附けはなつ　つる、原の上空うを舞ひ飛び去らず
浜松	炭入と火鉢	元亀二年徳川家康岡崎より移りて是に居ふ
		浜松城址は市街の北に新古二あり
	煙草セット	浜松城址（ヒョウタン、葵の葉）
袋井見附	小箱	天竜川の筏
舞阪	小箱、盆、皿	琵琶形（小箱）、弁天名物鰻鯉（盆）、浜名橋と弁天島（木皿）
二川	磁製菓子器	名物柏餅

表　「東海道五十三次　家具小物図案集」掲載商品一覧

宿駅名	商品名	意匠・由来など
日本橋	おしぼり器	魚型のカゴ
	棚	日本橋と富士
品川	酒器	舟形盆と網模様の徳利、御猪口
川崎	火鉢	だるま形
程ヶ谷	かやり器	茅葺民家風
戸塚	半襟又は小物入箱	遠見の富士と下は戸塚の吉田橋、桜は咲き乱れ春を現し、主家の御紋所　違ひ鷹の羽、腰元おかるの衣裳矢絣 仮名手本忠臣蔵：違い鷹の羽（浅野家の紋）、矢絣（腰元お軽の衣裳）
藤沢	貝玩具いろいろ	江の島土産
大磯	薬味入れ	曽我物語は蝶と千鳥の仲むつまじく
小田原	人形箱	小田原城址風、引き手の金具は三鱗　北条家の紋
	芹椀	北条氏政が菩提所たる早雲寺に寄進したる名品
	ぶらぶら電気スタンド	小田原提灯風
箱根	衝立	白糸の瀧、羊歯
	硯箱	もみじ
三島	手鏡	山内一豊（鏡形小箱応用案も）
沼津	電気スタンド	千本松原（スイッチ：印籠、シェード：千本松原）
原	器	くつわ（名馬：池月、磨墨の産地　宇治川の先陣争いより）
	銘々皿	四季の富士
吉原	煙草セット	田圃の富士

が接近した結果、かなり直接的な美術から呉服へのコピーも含まれることになり、必ずしも良い趣味とはいえない不思議な商品世界を作り出している。そして、風流を目指す意匠は、呉服や和装雑貨から離れ、現実の近代生活の中に取り込もうとするとき、より通俗的な部分が増していくことになる。

「東海道五十三次　家具小物図案集」は収納棚、衝立から照明器具、食器、花器や文具、煙草道具など、基本的には和風の風流な生活に相応しい日用品を目指して作られたものと思われる。商品の詳細は表のとおりであるが、源頼朝が逃がしたという伝説の金札を付けた鶴の絵柄の三味線掛け（見附、図3－29）や、八橋の上に在原業平の冠の形をした虫籠（知立、図3－30）など、趣向を凝らしたものも少なくない。

しかし、商品の中には本来の風流からはずれ、若干キッチュな傾向を見せるものも混じっていた。それらを精査するとまず、小田原提灯風ぶらぶら電気スタンド（小田原）、千本松原（スイッチ：印籠、シェード：千本松原）の電気スタンド（図3－31）、米俵形のボンボン入（四日市、図3－32）など、洋風の日用品に和風趣味を応用したものが、違和感のあるデザインになっているものがある。

さらに、以下のように、かなり直接的な表現を用いたもの、デザインが直接的すぎてもはやファンシーグッズと化したものも含まれている。

だるま形の火鉢（川崎、図3－33）

小田原城址風、引き手の金具は北条家の紋の三鱗（小田原、図3―34）
浜松城址（新古二つ）による炭入と火鉢（浜松、図3―35）
浜松城址の形の煙草セット（浜松）
小夜の中山の夜啼石の小物入れ・みだれ箱（日坂、図3―36）
豊川稲荷の狐形の菓子器（赤坂）
熱田神宮の神器をかたどった煙草セット（宮、図3―37）

先に述べたように、三越では昭和一〇年代から、「趣味の和家具展」など和家具の展覧会が家具陳列会と同時開催されている。例えば、一九三九年（昭和一四）一〇月の展覧会では、[44]「鷺娘（時代棚）」や「汐汲（屑籠）」「都鳥（卓）」「絅館（手拭掛）」「竹生島（八角火鉢）」「勧進帳（電気スタンド）」「賤織帯（灰皿）」など、長唄に因んだ商品が陳列されており（図3―38）、図案集と同様の「因む」という趣向が見られる。[45]そこに展開されている「日本」の表象は、わかりやすい和風趣味という点で、限りなく国風デザインに類似するものになっている。このことから、百貨店の創り出した同時代の「国風」デザインは、決して国粋的な気運だけではないもう一つの回路、すなわち風流趣味の大衆化との接点を見出すことができるであろう。そしてそのことは、昭和初期に至るまで、中間層の「良き趣味」の指標として風流な江戸趣味が、いかに大きな影を落としていたか、という事実を浮かび上がら

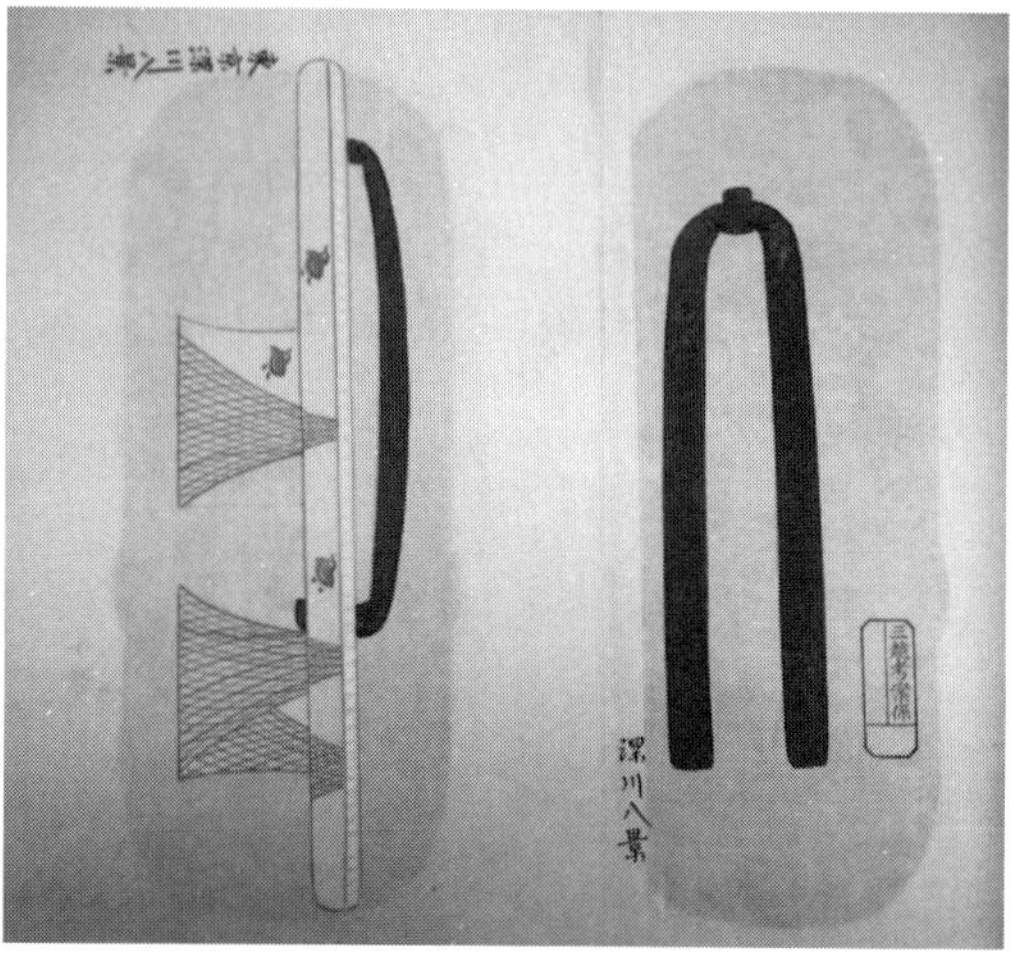

図3－27　深川八景模様の草履

図3－28　品川模様のハンドバッグ

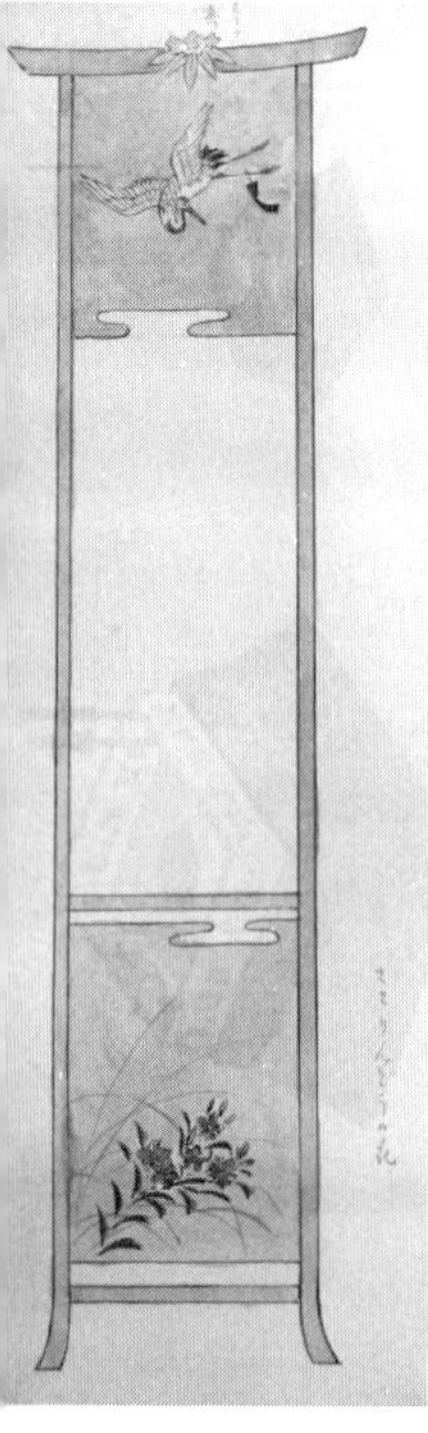

図3－29　三味線掛け（見附、「東海道五十三次家具小物図案集」より）

図3－30　伊勢物語模様の虫籠（知立、同前より）

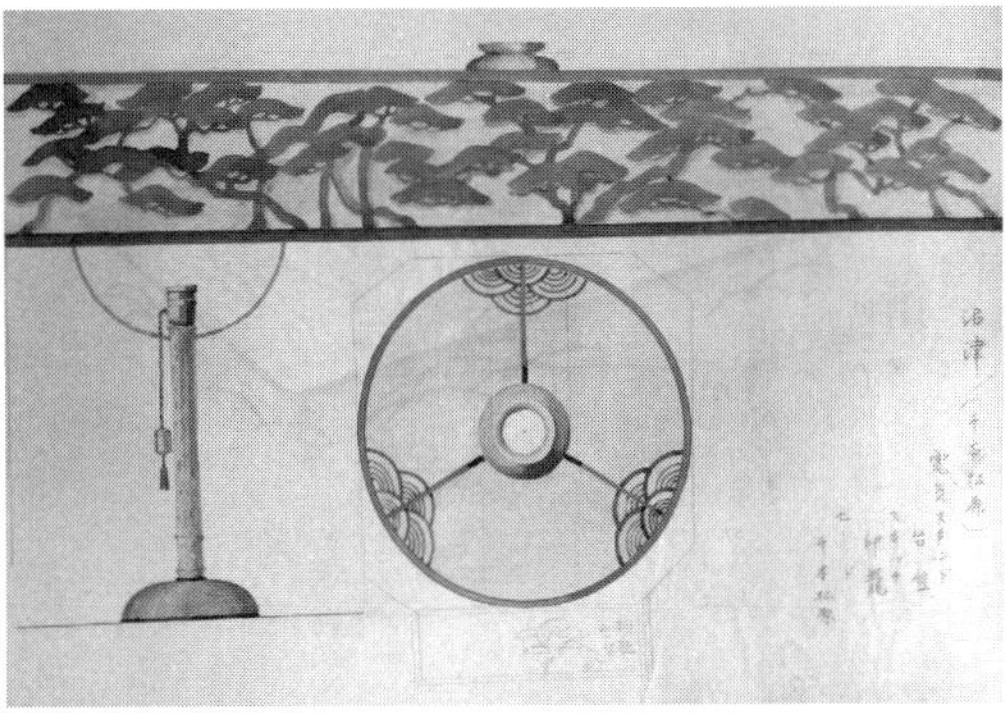

図3－31　千本松原模様の電気スタンド（沼津、同前より）

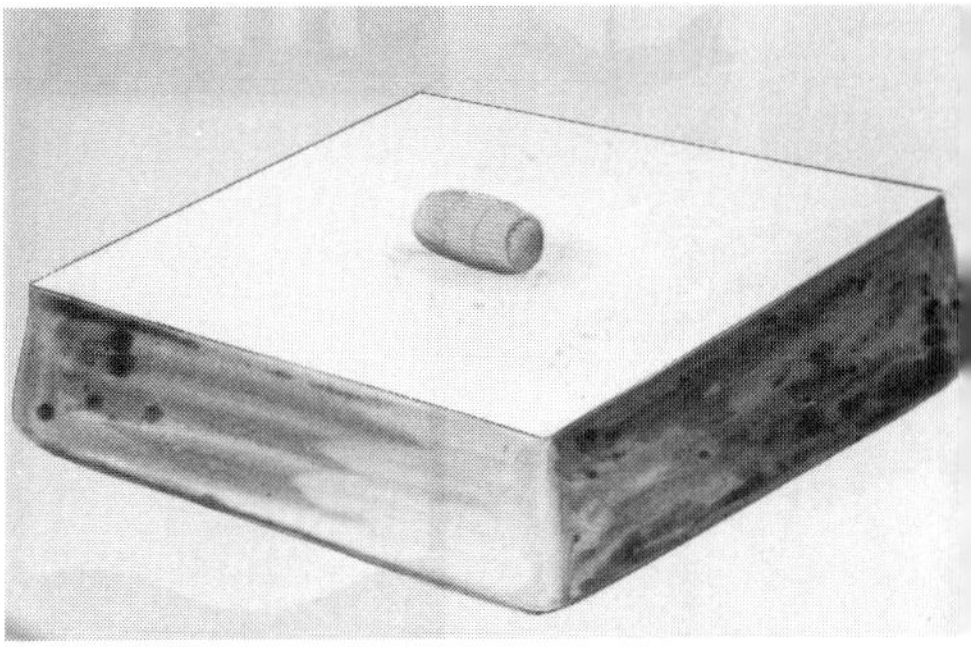

図3－32　米俵形のボンボン入（四日市、同前より）

3－33　だるま形の火鉢
（川崎、同前より）

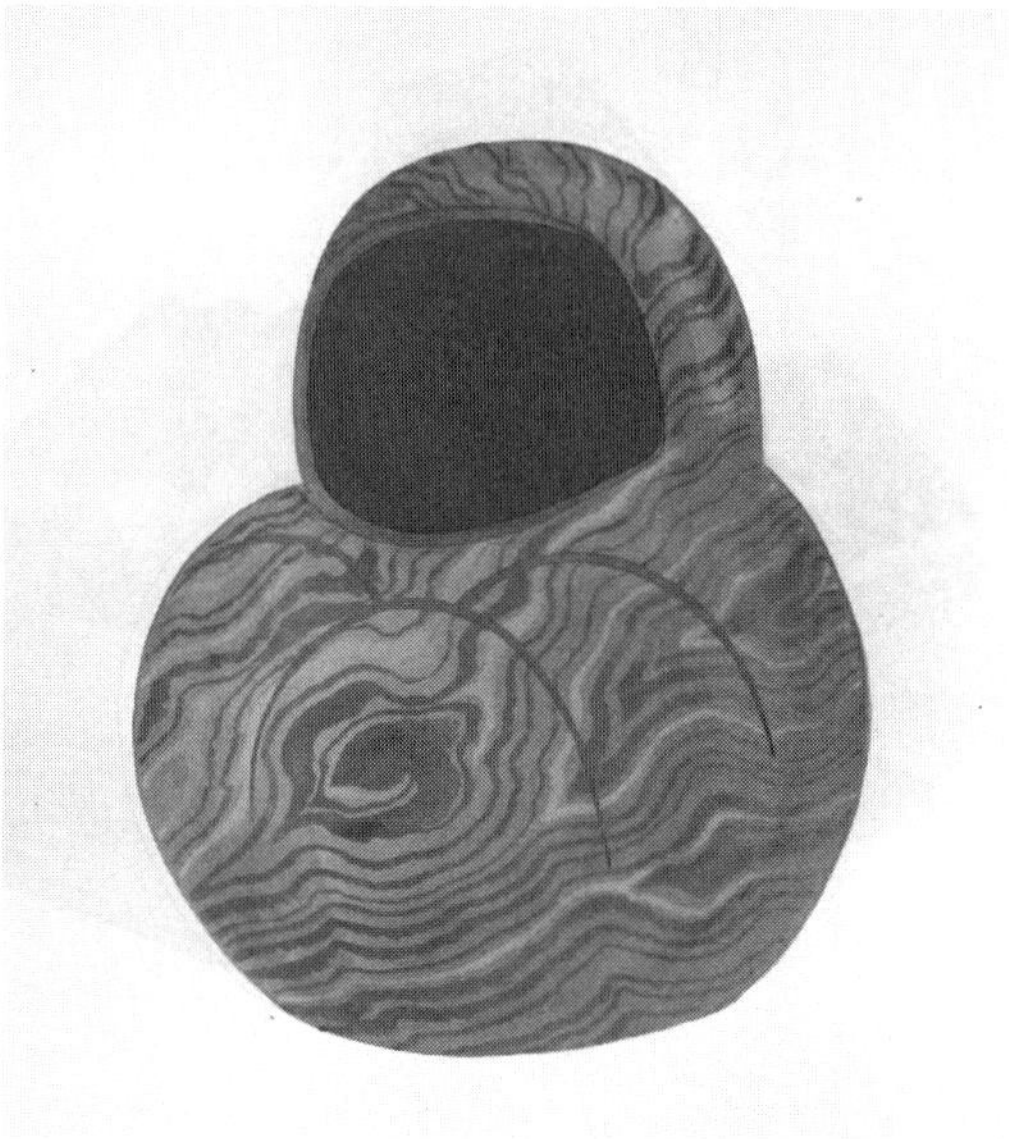

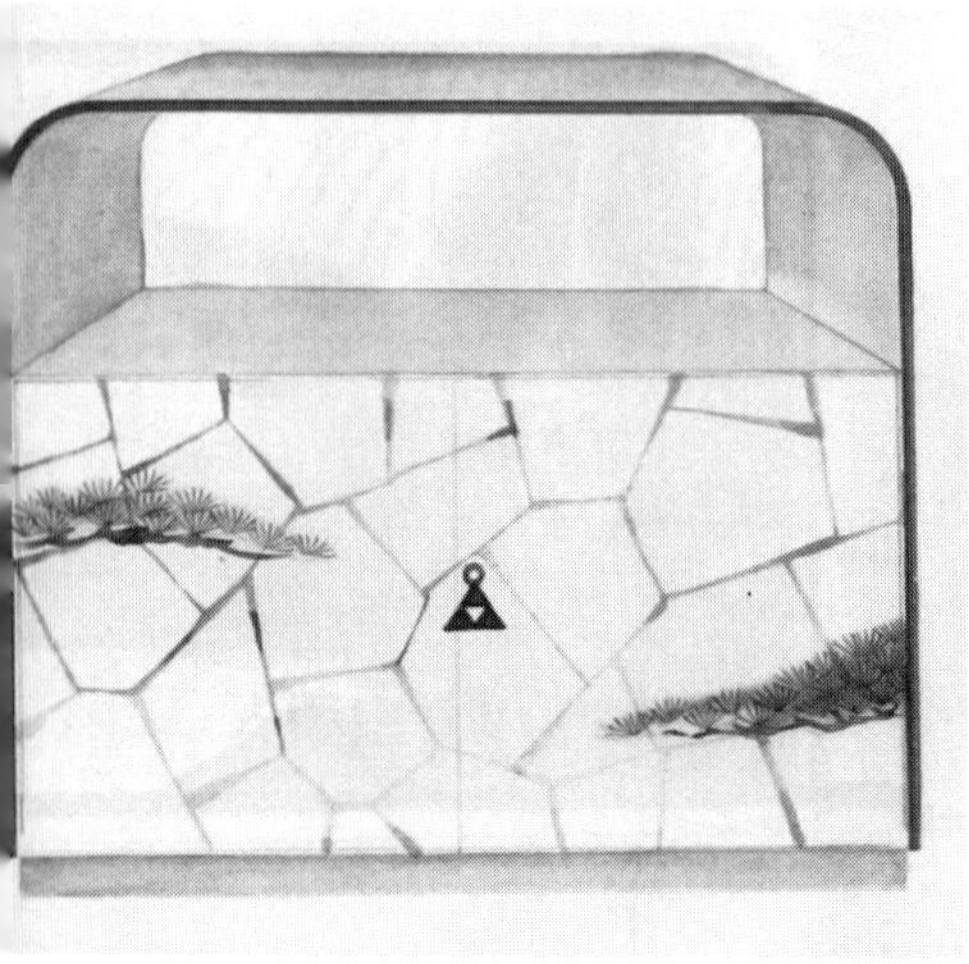

図3－34　小田原城址風の人形箱
（小田原、同前より）

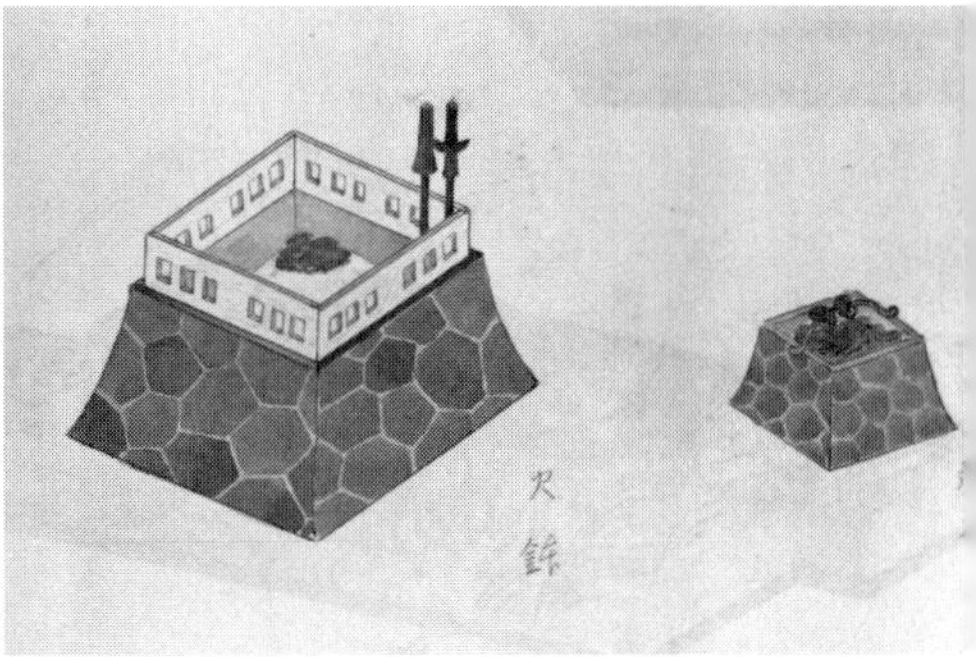

図3－35　浜松城址風の炭入と火鉢（浜松、同前より）

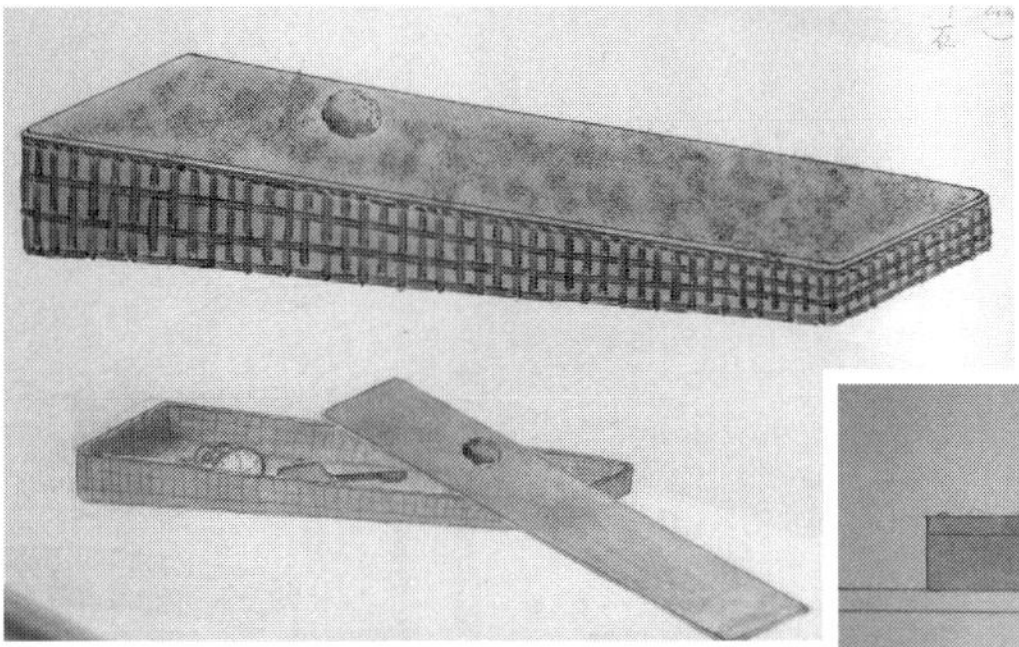

図3－36　小夜の中山の夜啼石形の小物入れ（日坂、同前より）

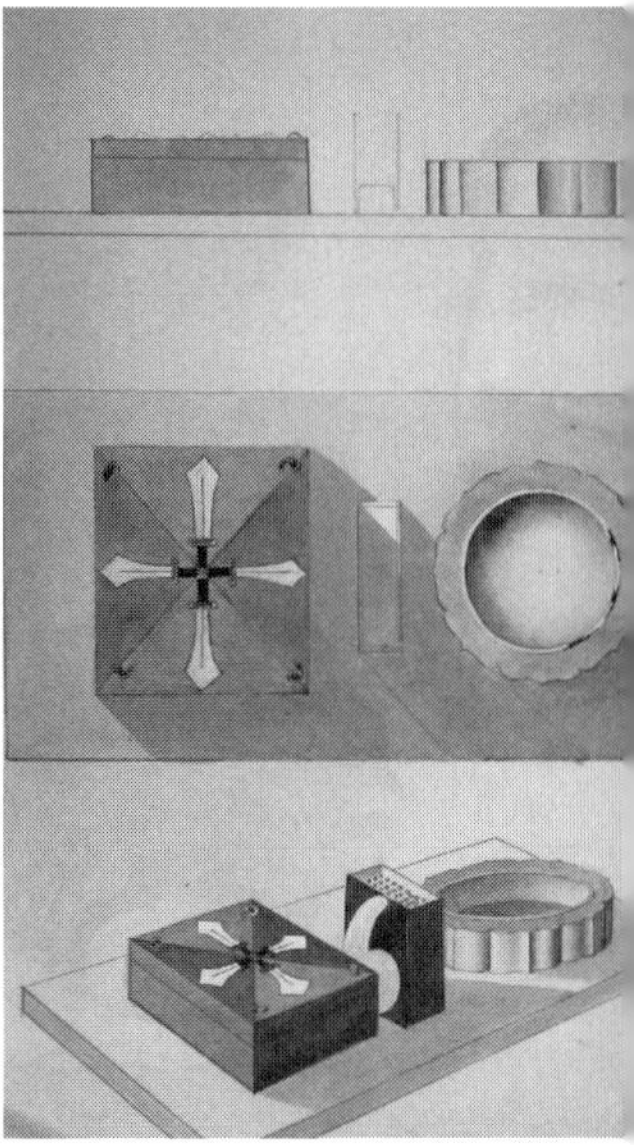

図3－37　神器をかたどった煙草セット（宮、同前より）

せる。大衆化の過程の中で、「風流」を追求するあまり、「其風致なり情趣なりが、似而非風流の捻り屋一輩の製作」[46]へと向かい、結果としてキッチュなデザインを派生させていく。こうした傾向は、国風インテリアの表面に付けられた記号としての歴史様式のコラージュと同類のものと考えることができるだろう。

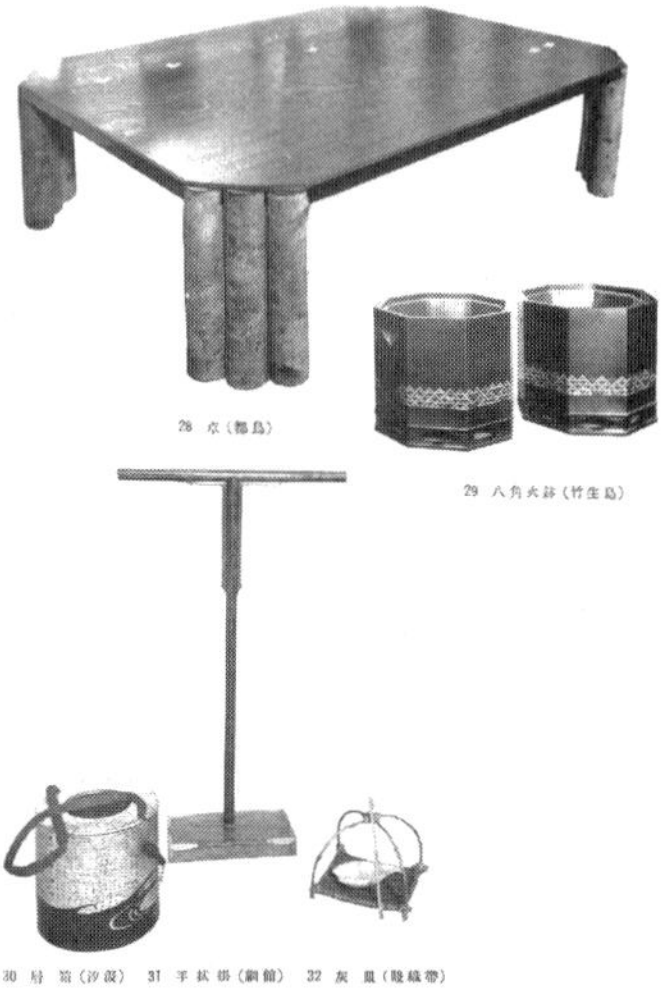

図3－38　長唄に因んだ商品（三越「趣味の和家具展」、1939年）

図3－39　人形コレクション収納棚がある応接間（三越「新設計室内装飾展」、1935年）

一連の百貨店の家具陳列会で展示された室内空間は、

およそ当時の平均的中間層には手の届かない、現実離れした提案であったが、それでもここまで陳列会が盛んに開催されたのは、多くの百貨店の顧客にとって憧れの生活スタイルを目に見える形で提示してくれるからであったと思われる。そして注目すべきは、この一連の家具陳列会で、モダンな応接間のインテリアの中に、人形コレクションのディスプレイ用収納棚という不思議な家具類が多く確認できるという事実である（図3－39）。ガラス戸の付いたディスプレイ用部分を有した、明らかに人形用と思われる収納棚が多く見られる。『三越』でもすでに一九三一年（昭和六）頃から、こうした人形棚が商品として掲載されるようになっていたが、さらにこの陳列会と並行開催されることの多かった各店の和家具展でも通常の「飾棚」「本棚」とは別に、「人形棚」「人形箱」と名づけられた家具が多く発表されている[47]（図3－40・41）。

この家具装飾における「人形棚」は、何を意味しているのだろうか。まさしくこれは、次章で述べる人形玩具を蒐集する趣味の大衆化の中で生み出された家具であった。小さな収納棚にコレクションを収納できる便利なこの種の家具は、大衆コレクターの出現を示すものであるといえる。陳列会で提示されたインテリアすべてを手に入れることは無理でも、人形棚一つを購入し、そこに当時一般にまでその趣味が広まり、手軽に入手できるようになった郷土玩具を陳列することは可能であったはずである。昭和一〇年代になって、人形玩具コレクションは、モダンなインテリアとともに「良い趣味」として中間層が顕示すべきものとして、一層象徴的な価値を帯びていく。しかし、大衆の間で優れた

図3－40　新製人形箱（1933年、『三越』第23巻第1号より）

図3－41　人形棚（三越「趣味の和家具展」、1938年）

価値として定着したときの「良い趣味」は、それを強調するあまり、もはや通俗的なものと紙一重のものに転化していたのである。次章では、この人形玩具の趣味の広まっていく中で、趣味の世界がどのように商品化されていくか、詳しく見ていきたい。

〔註〕

（1）守屋毅「近世の都市生活と風流の展開」『国立歴史民俗博物館研究報告』一五、一九八七年、一四一～一五六頁。長江信之「風流の系譜」『桐朋学園大学研究紀要』一八、一九九二年、八九～一〇五頁。辻惟雄編『「かざり」の日本文化』角川書店、一九九八年。

（2）野呂田純一「美意識の交流―「良き趣味」と「風雅」―」『デザイン理論』五三号、二〇〇八年、四五～五八頁。

（3）佐藤道信『〈日本美術〉誕生』講談社、一九九六年。北澤憲昭『境界の美術史』ブリュッケ、二〇〇〇年。佐藤道信『美術のアイデンティティー』吉川弘文館、二〇〇七年。

（4）前掲註（3）佐藤書、五四頁。

（5）森仁史『日本〈工芸〉の近代』吉川弘文館、二〇〇九年。

（6）開催直前には三六名にまで増えている。

（7）展示目録が『みつこしタイムス』明治四三年第八巻第一二号に掲載されている。

（8）『三越美術部１００年史』株式会社三越、二〇〇九年、二五頁。『みつこしタイムス』明治四三年第八巻第一二号。

（9）『三越』大正元年第二巻第一二号。

(10) この同じ年、三越絵画展覧会も始まる。美術の概念が次第に明確に示されていく状況を反映して、絵画と工芸それぞれの部門での展覧会が軌道に乗っていく。
(11) 『三越』大正二年第三巻第三号。
(12) 『三越』大正二年第三巻第一〇号。
(13) 『三越』大正二年第三巻第一一号。
(14) 金子賢治「近代工芸の歴史と三越美術部」『三越美術部100年史』二〇〇九年。
(15) 『三越』大正二年第三巻第一二号。
(16) 新進の作家はまだ評価が確定していない。これを鑑識眼のない消費者に紹介する際、百貨店そのものが「お墨付き」となり得たのではないか。
(17) 入江茂樹「〈小芸術〉のゆくえ」『大正イマジュリィ』八号、二〇一二年、八二〜一〇二頁。
(18) 『三越』大正二年第三巻第八号。
(19) 宮永東山（初代、一八六四―一九四一）京都東山窯の陶芸家。東京美術学校で教鞭を取ったのち、京都で作陶活動を行う。
(20) 『三越』大正三年第四巻第四号。
(21) この風流道具に関しては小川都も注目しており、オモチャ会に比べ、完全に大人のみを対象とした企画であり、商品の希少性により価格が上下する特徴が目立ち、百貨店において趣味の世界が貨幣価値に置き換えられている状況を示すものと位置づけている（小川都「郷土玩具の基本的生活」『京都民俗』一五号、一九九七年、四三頁）。
(22) 『三越』大正元年第二巻第一一号。
(23) 前掲註(22)。
(24) 柴田是真（一八〇七―九一）江戸末期から明治にかけて活躍した漆工芸家、日本画家。

(25)　熊倉功夫『近代茶道史の研究』日本放送出版協会、一九八〇年。斎藤康彦『近代数寄者のネットワーク』思文閣出版、二〇一二年。
(26)　『三越』大正四年第五巻第九号。
(27)　『三越』大正四年第五巻第一〇号。
(28)　店内の光琳二百年忌のイベントの一環として、一九一五年（大正四）、茶会が設けられた。
(29)　三越の空中庵は初め、賓客のもてなしのために用いられていたが、一九一六年（大正五）からは一般にも開放し、抹茶、菓子が二〇銭で提供され、希望者は自分でお点前することもできた。（『株式会社三越100年の記録』二〇〇五年）。
(30)　『三越』大正四年第五巻第一〇号では、「東都の茶会に古名物と並び用ひられて、数寄者が称賛の聲を絶たざるは、即ちこの鈍阿焼の事なるぞかし。」と、数寄者たちの評価が高いことを説明したうえで、「もとより風流のすさびにはあれど、求むる人々の便宜のためにとて、廉きにしたがつて値を定めたり。」と、購入しやすい価格であることも付け加えている。
(31)　その他食器類などが、これに含まれるときもあった。
(32)　実際、莨盆などは新美術部　貴金属部　家具部　西洋食器部で販売されていた（『三越』大正四年第九巻第七号）。
(33)　第一回が非常に好評だったため第二回も実施とある。
(34)　神野由紀「百貨店と室内装飾」山本武利編『百貨店の文化史』世界思想社、一九九九年。
(35)　林幸平「折衷的室内装飾について」『三越』明治四五年第二巻一号。
(36)　橋口信助（一八七〇—一九二八）住宅および室内装飾会社「あめりか屋」を経営する一方、住宅改良会を主宰。大正から昭和初期の一連の住宅改良運動を展開した人物の一人。

(37) 神野由紀「百貨店とインテリアデザイン」『暮らしと美術と髙島屋展』図録、世田谷美術館、二〇一三年。
(38) 中村順平(一八八七―一九七七)建築家。フランスのエコール・ド・ボザールに留学。帰国後、ボザールの建築教育を日本で実践するかたわら、客船の船内装飾などを多く手掛けている。
(39) 松田権六(一八九六―一九八六)蒔絵師。東京美術学校教授。1955年(昭和三〇)、人間国宝。
(40)『近代家具装飾資料』第七集、一九三六年一一月。
(41) 柏木博『芸術の複製技術時代　日常のデザイン』岩波書店、一九九六年、六五頁。
(42) 北村鈴菜『鈴菜遺稿』鈴菜遺稿編纂会、一九二四年、一三八～一三九頁。
(43) この頃、文展が開設され話題となり、入選作品をそのまま羽織などの模様にする、あるいは入選作家の作風を呉服柄に利用するといった「文展模様」が流行模様になっていた。
(44)『近代家具装飾資料』第三三集、一九四〇年五月。
(45) こうした類似する方向性から、おそらく「東海道五十三次　家具小物図案集」も昭和10年代半ばのものと思われる。
(46) 前掲註(27)参照。
(47) 実際に棚の中に人形が中にディスプレイされているものもあった。

4章◆人形玩具趣味の興隆

半折画や風流道具が、日本の古画収集や茶の湯といったハイカルチャーの世界を大衆化した結果としての商品であったのに対して、1章で述べたような近代初期のもう一つの特徴的な趣味のモデルであったのが、古い玩具の愛好である。斎藤良輔や山口昌男らが指摘するように、本来、近代批判の態度が内包されていたはずの玩具収集趣味であるが、これが中間層の憧れの対象となった時点で、別の特性が明らかになっていった。書画などに比べ、当然のことながら、それほど財力を必要とせず愛好できる。さらに権威的な芸術文化から外れた玩具という子どものものを扱うということは、鑑賞にも困難が伴わない。このわかりやすさ、気軽さこそが、人形玩具趣味が大衆化していく背景にあったと考えられるだろう。

1章で述べたような、一部の好事家たちによる玩具収集趣味は、明治末頃から百貨店という消費の場を介して中間層に広まり、大人の人形玩具ブームが起こっていく。この過程の中で、人形玩具はいかにして、「マニアが好むたわいないもの」としてではなく、「趣のあるもの」と見なされるようになったのだろうか。

1　好事家と家庭——雑誌『家庭と趣味』に見る大人本位の趣味

1章ですでに述べたように、初期の大供会の動向は、『集古会誌』や『三越』などに記されているが、このほかに会のことを記載していたのが家庭倶楽部発行の雑誌『家庭と玩具』（一九一六年〈大正五〉『家庭と趣味』に改題）である(1)（図4‐1）。雑誌タイトルのとおり一般家庭の読み物で、子どもを持つ主婦が購読者層として設定され、改題に際して次のような辞が掲載されている。

「我等は時勢の進運に鑑みて、穏健篤實なる婦人思想の鼓吹と、和樂温雅なる家庭の推奨を旨とし、最も興味ありて無邪氣なる玩具の研究を、如何に之を第二の國民たるべき幼童の最初の教育資料たらしむべきかを研鑽發表して止まざりき、然るに今回趣味界の淵叢たる大供會より、本誌の目的を擴大して枯れて渇ける灰色の沙漠の如き現代をして、餘裕ある、平和悠長なる寂光土とせばやとの希望もだし難く、固よりオモチャを樂む大供の吾等、江戸の文化も上下の多趣味なるより如何に美化されしかと憧憬止む能はざる(2)（後略）」

しかし、家庭における婦人や児童の趣味教育というのは完全な建前で、実質的にはほとんど好事家の趣味の雑誌であった。「家庭」と「好事家」という、不思議な混交が見られるが、この現象は、後述する三越呉服店の内部でも見られたものである。

明治半ば頃から日本の封建的な家父長制度を反映した家族に対して、西洋近代的な家族のイメージが伝えられ、民主的な家族像としての「家庭」が説かれるようになる。この「家庭」が強く意識されるようになるのは、新中間層が台頭してくる明治末以降であり、『家庭雑誌』（平民書房、一九〇三年〈明治三六〉創刊）、『日本之家庭』（同文館、一九〇五年創刊）をはじめ、女性と子どもをテーマにした家庭と名の付く雑誌が数多く刊行されている。その中で『家庭と趣味』は、かなり異色の内容となっている。表紙には、女性や子どもの西洋風な生活場面が描かれており、一連の近代家族を対象とした雑誌と同類のように見える。しかしその紙面は表紙のイメージと大きく異なるものであった（図4－1）。一九一六年（大正五）の改題の辞も、同時代の風潮を意識し、家庭の女性と子どもの趣味向上を目的に掲げてはいるが、例えば同年六月号には、道楽、諸国玩具、大人の人形遊び、人形玩具逸品会、大供会、刀剣の趣味といった、好事家の読む内容がほとんどであり、「礼儀作法講話」などが唯一主婦の読むべき内容になっている。こうした誌面構成は毎号同じであり、常に申し訳程度に家庭育児記事が添えられている。広告頁には子ども服、教育玩具、婚礼道具などの広告が見られる一方で、郷土玩具店の広告も掲載されている（図4－2・3）。さらに同誌では、「日本オモチャ会」という「家庭

図4－1　『家庭と趣味』大正5年8月号

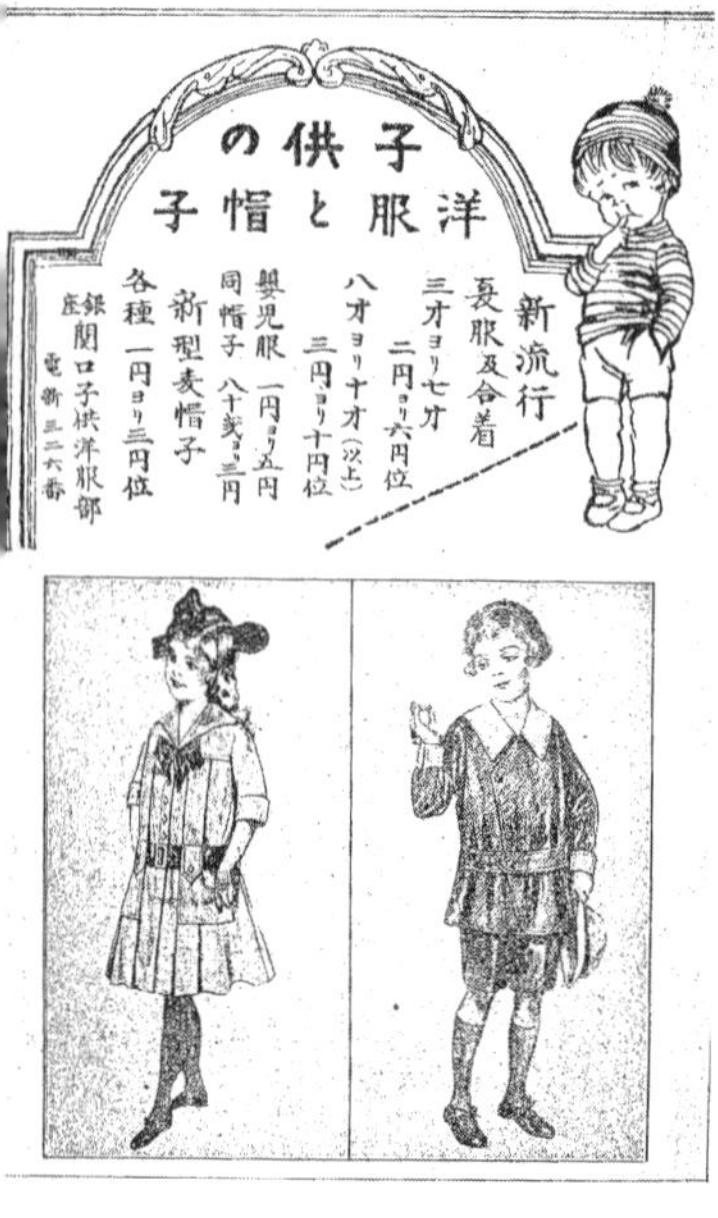

図4－2　子ども服の広告（『家庭と趣味』大正5年6月号より）

図4－3　人形玩具の広告（『家庭と趣味』同前より）

図4－4　日本オモチャ会開設の案内（『家庭と趣味』同前より）

倶楽部選定の斬新なる玩具と優雅な地方玩具」の頒布会が実施されている（図4－4）。収集家たちの手により集められた品々を一般家庭に毎月届けるという同企画は、全国各地の人が地方の土俗玩具を収集することが困難であることを考慮し、「陸續珍奇なる得易からざる珍品」を頒布するという趣旨のもと、次第に選定範囲を広め、台湾原住民製の竹編細工の蝦や新領地南洋の玩具なども予定されていた。(3) 頒布会は新しい玩具のコース（甲）か、日本の地方玩具のコース（乙）の二通りのコースがあり、それぞれひと月五〇銭で二点以上が届けられた。ちなみにこの年の頒布内容は、甲は「特製木製玩具」とだけ記されているのに対し、乙は「江戸今戸人形の古型を以て特製せしめし人形」として、狐、両氏、達磨と赤坊の首乗、太鼓持唐子、おいらん、子どもを抱け上げてる女、娘の立姿、座つてる娘、さらに高松のお面、松江の桐丸彫の春駒、同あね様人形、同天神様、伊勢の津の勝坊踊人形などと細かく説明が書かれており、甲乙で、その力の入れ方の差は歴然である。

この雑誌がはたして本当に一般家庭への啓蒙的な目的で刊行され、子どもに向けた玩具の頒布を実施していたのだろうか。「健全なる家庭の良い趣味としての郷土玩具」という名目は表面的であり、紙面には子どもや女性たちの存在は希薄であり、男性中心的な好事家の世界観しか読み取れない。前述のとおり、大供会は一九一六年（大正五）頃から対外的な活動を増やし、人形玩具趣味の大衆化の路線を築いていくことになる。「今迄は別に會員と云ふ者もなく先輩諸君を初め故人となつた晴風、仙湖、朱明氏等が熱心に盡力」していた大供会は、『家庭と趣味』の紙面において広く一般からの会員募集に踏み切っている。(4)「同好者をまとめて、汎く會員を募り人形玩具の研究や悦楽を永久共にしたいといふ希望から、規約などを綴つて會の趣旨を徹底せしめ、聊か先輩諸君や個人の熱心に報いたい」とあるように、やはり清水晴風や西澤仙湖らが亡くなったことを契機として、会が公的な組織に変質していった様子がわかる。会の規約には、巌谷小波、林若樹、西澤笛畝、久保佐四郎、松居松葉、淡島寒月、杉浦非水ら二四名を世話人とし、毎月二〇銭の会費、年一回の人形玩具逸品会、毎月の人形玩具交換会などを主な活動とすること、さらに会員が一〇名以上あれば支部を置くことも可能であるというような、組織としての体裁が整えられ始めた内容が記されている。そして、会報を毎月発行し、「趣味ノ普及ヲ計リ、會員相互ノ研究機關トナス」と定めているが、「當分雑誌『家庭と趣味』ヲ利用スルコト。」となっている。すなわち『家庭と趣味』は、一九一八年（大正七）に雑誌『大供』が創刊されるまでの大供会の機関誌的な役割を果たしていたのであり、私的な趣味が拡散され、愛好家を増やしていく役割を果たしていたのである。

しかしながら、同誌では並行して一般家庭向けに「家庭倶楽部」を組織しており、こちらの規定では「家庭問題の研究、新古の各國玩具、家庭の必需品、子供用品及び新案登録案内の紹介をなし、家庭講演會、趣味ある娯樂會等を開くこと。」とあり、一般家庭の消費者と、家庭用品の生産者が対象となっている。実際には、玩具を中心とした家庭用品の開発、提供をサポートするという活動で、ひと月二〇銭の会費を支払う会員には機関雑誌を配布するという以外には目立った内容は見られず、定期購読会員のような組織だったようであるが、同倶楽部は表面的には「家庭本位」を標榜するものとなっていた。しかもこの「家庭倶楽部」には、大供会とほぼ同じ顧問や相談役の名前が見られるのである。

近代化が進む中、大正初めまでの人形玩具趣味は、役に立たない子どもじみた趣味を批判されずに維持していくには、何らかの社会的有用性が必要だった。斎藤良輔は、当時の状況を、玩具を一部の学者が着目し始めたとはいえ、これを成人が愛玩対象とすることは、当時の社会通念として理解されてはいなかった、と述べている。「こうした『子どもっぽい』ことに関心をもつことは、趣味というよりも一種の『好事』（ものずき）とみられていた[5]」という状況の中、単なる道楽ではなく「良い趣味」として認知させていくために、「家庭」あるいは「児童」といった大義名分が使われたのではないか。これは以前に述べてきたような三越での児童用品に関する活動に、多くの好事家が積極的に関与していった理由と重なるものである[6]。これが大正半ばを過ぎる頃から、中間層の多くに人形玩具趣味が伝播したことによって、もはやそうした言い訳は必要としなくなり、一九二〇年（大正九）の桃太郎雛イベントに見られるように、人形玩具趣味は市民権を獲得し、大人の趣味として認められるようになったのではないかと思われる。

そもそも玩具収集は江戸から続く好事家の趣味の延長であり、晴風や寒月など「江戸的な風流人」の多くがこれに熱中していた。しかしながら、大供会の展覧会や一般家庭雑誌での活動は、結果的に彼らの風流な趣味に憧れを抱く中間層を出現させ、それにより趣味の性質は変質し始めた。本来、手間ひまかけ、入手困難な珍しいものを収集することに注力することこそが重要であった趣味の世界が、大衆化とともに手軽に楽しめる趣味となっていく。このとき、好事家の趣味を中間層にも手に入れやすく商品として積極的に提供したのが、三越をはじめとする百貨店だったのである。

2　百貨店と人形玩具趣味の大衆化

三越の児童用品研究会

明治末に近代的な百貨店へと転身を遂げた三越呉服店が、「流行会」や「児童用品研究会」など、各界の識者を会員に擁して店の商品開発への助言をしてもらっていたこと、そのメンバーに江戸趣味の人が多く含まれていたことは、これまで明らかにしてきたとおりである。会員たちにとっては、三越の一連の研究会もまた集古会や大供会のような自由な集まりの一つとして捉えられていた可能性も大きいが、ここが消費の場であったことで、彼らの江戸的な閉じた趣味が一般消費者へ拡散していくことになった(7)。

三越など百貨店では早くから子ども用品部門を設置し、精力的に市場開拓を行なっていた。都市部の中間層を中心とした西洋近代家族イメージの受容は、子どもの生活環境への関心を生み、新たな消

図4－5　三越の七五三商品のショーウィンドウ（1924年、『三越』第14巻第10号より）

費を生み出した。田中本家博物館や土井子供くらし館の調査で明らかになったように、多種多様な子ども用品が百貨店で販売されていた。特に通過儀礼の多い子どもにまつわる商品は、消費イベント化が進んだ。雛祭り、端午の節句、七五三、新入学、クリスマス、お年玉など、伝統的な習俗から西洋のものまで、さまざまなものが利用されていく（図4－5）。

しかし、店内やPR誌で大々的に子ども用品が紹介されても、当時の中間層がそれほど多くの贅沢な子ども用品を購入していたとは思えず、田中家や土井家など地方の顧客も含めた一部裕福な家庭を除くと、実際の需要は少なかったと思われる。にもかかわらず、これだけ百貨店が力を入れていた理由としては、「子ども」という近代的なイメージを店のブランディングに利用したと考えられるが、この時期の三越の子ども用品関連の活動を詳しく見てみると、前節で述べた人形玩具趣味の好事家たちの影響も大きかったことがわかる。

三越の子ども用品への関心の高さは、児童用品研究会の精力的な活動にも表れていた。巌谷小波と坪井正五郎らは、先述の集古会や大供会のメンバーであり、自身の玩具への趣味的な関心が高じて、百貨店で自ら考案の玩具を発表している。中でも坪井考案の「飛んでこい」（図4－6）は、オーストラリアのアボリジニーが用いていたブーメランを和風にアレンジした玩具で、実際に商品化され売行きも良かったため、廉価版なども販売されている。彼の提案は、こうした新しい玩具考案だけでなく、「すぼんぼ」（図4－7）のような郷土玩具の復刻など、好事家的な趣味を反映した企画も見られた。さらに巌谷が子ども向けの玩具として提案したのが「投扇興」（図4－8）である。これは「此玩具は室内遊技として優美高尚にして趣味深く昔より高貴の家庭に用ひられしが一時衰へ今や世人の忘れんとせしを今回弊店が改良を加へて新春の御遊びに一興を添へんと發賣いたせしものなり。」[8]とあるように、昔の遊びの復刻であるとしているが、実際には投扇興は花柳界での遊びとして生き残っており、その当時に近代的な子ども観に見合うような玩具であると考えられたとは言い難い、むしろ風流人たちの遊びといえる。これを本当に子ども本位の玩具として提案したのか、疑問が残る企画である。また、研究会には頻繁に西澤仙湖[9]や廣瀬辰五郎といった好事家からの古い玩具の寄贈が記録されている。ここに生産業者も加わり、研究者・好事家・業者の接点として、百貨店の一連の児童文化活動はきわめて重要な役割を果たしていたのである。

三越における好事家的な玩具への眼差しは、頒布会にも強く表れている。一九一二年（明治四五）六月、「みつこしオモチャ会」という頒布会の募集が行われた。ひと月一円、一年で一二円支払うと毎月児童用品研究会が選定した玩具が送られてくるという企画で、新しい考案玩具や、外国の玩具を

図4-6　飛んでこい

図4-7　すぽんぽ（『みつこしタイムス』第8巻第4号より）

日本向けに改良したもの、そしてそれらに混ざり「一時廃れていた各地の玩具[10]」が含まれていた。

第一期の主な頒布内容は次のとおりである。

七月　お手玉（麦わら細工の箱入り）、子供用廻燈籠、水からくり、外国型ヨット、投げ網と魚、裸人形（図4－9）

九月　菊独楽、お祭り玩具、大バッタ

一二月　歳の市の買物をテーマとした玩具

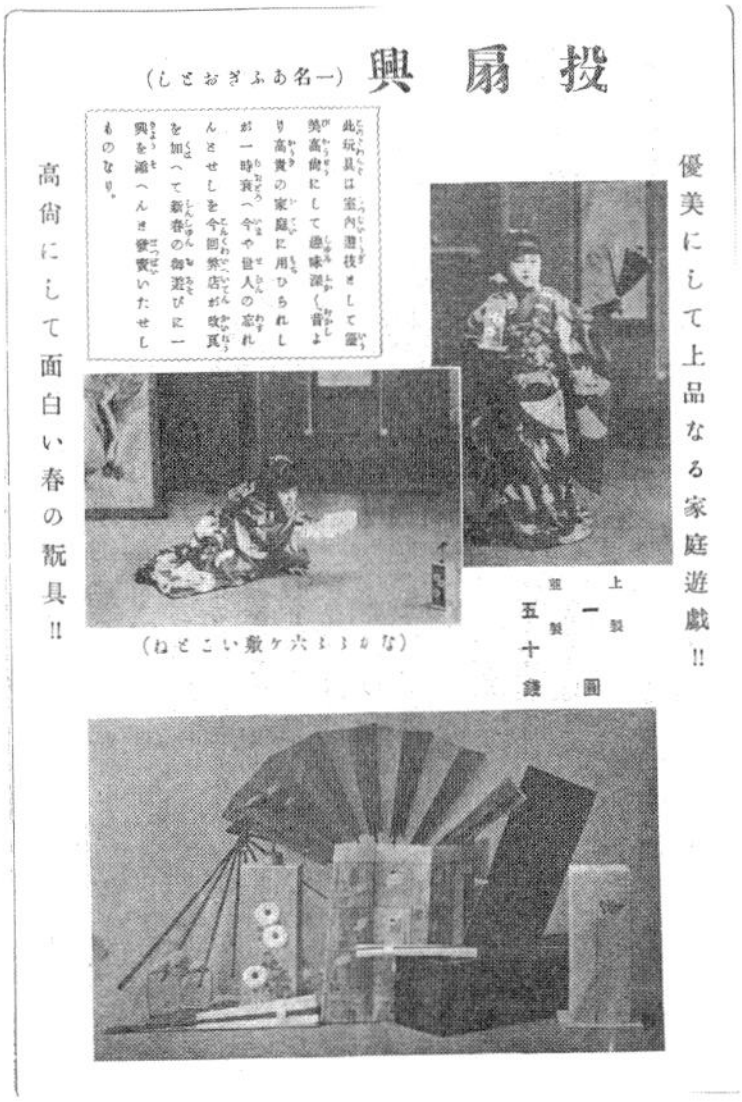

図4－8　投扇興（『みつこしタイムス』第7巻第12号より）

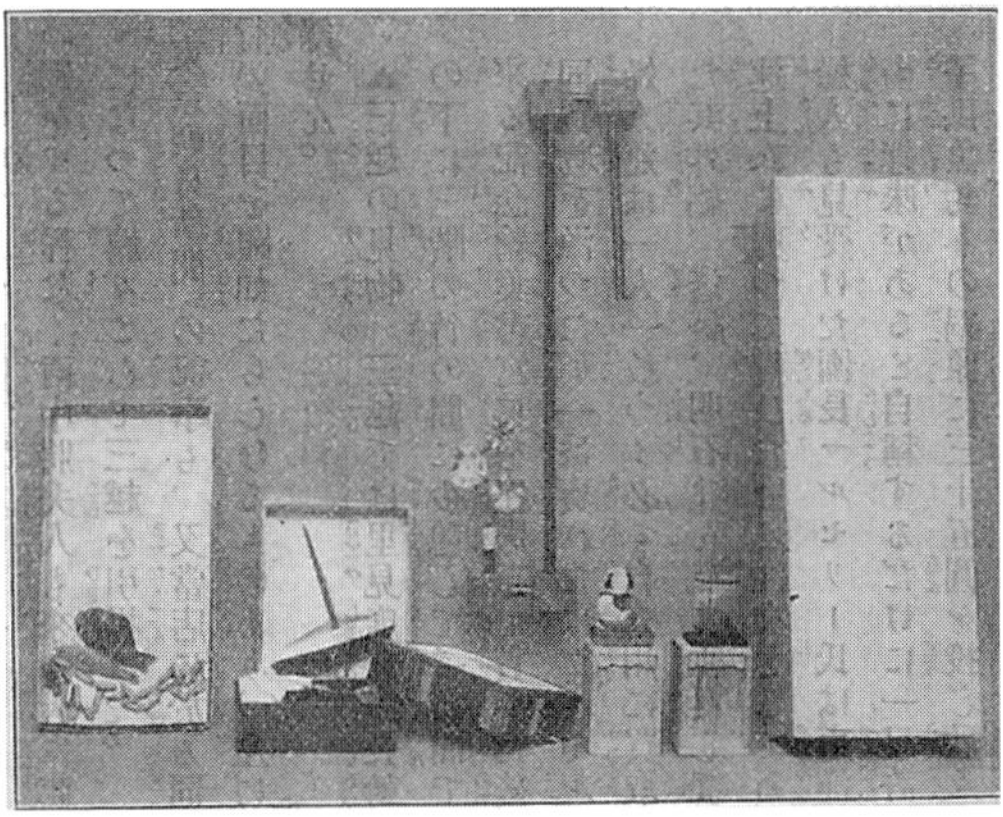

図4－9　みつこしオモチャ会第1期7月分頒布商品（『三越』第2巻第8号より）

（餅焼き網、破魔弓、凧、羽子板と羽、しめ縄、しめ飾りなど）、番外クリスマス袋（サンタクロース、飾り用もみの木、ハーモニカ、風琴、ビリケン文鎮、国旗つなぎなど）
三月　お雛様、鶏合わせ、麦藁の籠入り貝[11]

同頒布会は大変好評を博し、回を重ねていく。第二期の頒布会までには五〇〇件以上の会員が集まり、父母に向けた講演会も開催するようになっている。四季折々の子どもに適した優良玩具を選定するという趣旨の、この頒布会に関わった高島平三郎は、講演で次のように述べている。

「併ながら子供の無い大人で玩具に趣味を持つて居る人もあるから、毎日（ママ）配る玩具の中には大人に向くやうな多少美術的の物も入れやう。大概毎月一つは大人向の物、一つは女の子供、一つは男の子供といふ風にし且つ先月は小さい子供のものがあつたから此月は少し大きい子供のにしやうと云ふやうに相談致しまして『オモチャ會』といふ會を拵へました[12]」

高島の言葉のとおり、頒布の内容には大人の好事家向けと思われる玩具類が混ざっている。一九一四年（大正三）六月募集の第三期でも、お伽競争（一〇月）、春駒、ちんころ、丹波の兎（二月）、雛道具（三月）など、新しい玩具よりも日本の古くからの玩具が目立っている。魅力的な近代玩具が多く流通し始めていた当時、これら郷土玩具類が子どもにどれほど人気があったのかは、疑わしい。頒布商品が、教育的な目的で子どもを郷土玩具に親しませるという意図がメインだったのか、むしろ郷土玩具趣味の大人たちの方を強く意識した選定であったのか、意図が不明瞭である。しかしながら、同様の企画がこの直後、家庭倶楽部による「日本オモチャ会」にも見られたことは前述のとおりである。古い玩具の復刻・再生産は、趣味世界を充実したいという、好事家たちの欲望を満たすとともに、中間層にとっても好事家の趣味を知る貴重な窓口となっていたはずである。この時期、大供会の活動にも見られるように、人形玩具趣味の活動は一部の好事家を越えて新たなマニアを獲得するような新たな段階へ向かいつつあった。新たな趣味の受容者としての中間層の存在は、こうした販売商品にも読み取ることができるのではないだろうか。

百貨店による人形販売

消費機会の拡大を積極的に図っていく初期の百貨店で、さまざまな消費イベントが創られていったが、中でも三越などの百貨店が早くから力を入れていたのが雛祭りと端午の節句の人形販売であった。維新直後、明治政府により江戸の伝統・習俗が徹底して排除される中、雛祭りや端午の節句は一時衰退していたが、これらが復興したのは、単に明治後半の国粋的な風潮の高まりだけでなく、百貨店を中心とした商業主義戦略の結果でもあった。三越では一九〇七年（明治四〇）頃から雛人形、五月人

図4－10　親王雛（『三越』第3巻第2号より）

図4－11　雛一組（『三越』第4巻第2号より）

図4－12　紫宸殿飾り（『三越』第13巻第2号より）

形の販売を精力的に広告するようになり、『三越』などＰＲ誌上でも節句の季節の前になると、数多くの人形が掲載されるようになっていく。しかし、これらの掲載商品を精査していくと、ごく普通の節句人形だけでなく、かなり趣味性の濃い人形が多く混ざっていることが確認できる。

平安時代に貴族の間で流行した「雛あそび」が江戸時代頃に民間にも広まり、特に女の子の成長を

図４－13　雛人形陳列会（1912年、『みつこしタイムス』第10巻第３号より）

祝い雛人形を飾る風習として「雛祭り」が定着していった。[13]1章でも触れたように、明治政府は西洋文化の摂取に熱心だった一方、江戸以来の伝統・習俗は排除を徹底した。一八七三年（明治六）には改暦による五節句の廃止令が出され、三月三日の雛祭りや、五月五日の端午の節句などは一時的に衰退する。[14]こうした日本の伝統は、明治後半の日本の伝統文化保護の動きや国粋主義の台頭とともに復興していったと考えられる。一九〇〇年、つまり明治三三年三月三日の三が重なる縁起を祝い、この日から準備を始めて翌〇一年四月一五・一六日に、東京で個人が所蔵している時代雛の展示会「雛遊会」が催された。三代目廣瀬辰五郎の記録によると、大槻如電、加納鉄哉、[15]竹内久一らによって開催された同展は、二日間で四〇〇〜五〇〇人の来場者があったという。[16]元禄年間の芋雛や、寛政年間の内裏雛、芥子雛などの古い雛人形のほか、竹内久一作、二代目舟月作、加納鉄哉作といった当時、新たに制作された人形も展示された。明治期の古い雛人形の陳列会の最も早い記録がこの「雛遊会」で、展覧会が開かれたのはこの一回のようだが、この頃から好事家たちの雛人形趣味は高まりを見せ、これが明治末の大供会の結成にもつながっていった。さらに実際にこれらの習俗を復興させたのは、百貨店を中心とした商業主義の戦略であった。三越の新古雛人形陳列会はこの雛遊会展の延長上にあり、同時代の雛人形収集趣味を背景とした展示であった。

明治四〇年代の『みつこしタイムス』や『三越』では、女児を持つ一般家庭向けの雛人形として親王飾りや段飾り、さらに大正後半になると豪華な紫宸殿飾りなどが紹介され、児童用品研究会の会員による雛人形の記事や陳列会の様子が、雛祭り近くになると大量に掲載されるようになった（図4－10～13）。田中本家所蔵の雛人形も、商業化の時代を反映し、膨大な量の人形が残されている[17]（図4－14）。こうした百貨店をはじめとする雛祭り復興のための動きは、一般消費者に雛人形の購入が必須であると意識させるだけでなく、より過剰な消費を促すようになっていく。人形は、あたかも流行商品のように毎年の主流の形が紹介されるようになり（図4－15）、ときには白酒容器などの派生商品も含め大々的に販促活動が展開された（図4－16）。百貨店の作為的な宣伝、流行商品としての伝統行事の扱いは、近代の日本民俗文化を考えるうえでも非常に重要であると思われる。

雛祭りの雛人形は、七五三の晴れ着とほぼ同時期から、その商業的傾向が顕著だった。『三越』明治四四年第一巻第二号には、児童心理学者の高島平三郎[18]による「家庭教育から見たる雛祭」という一文が掲載されている。高島は、日本文化の保護のためにも雛祭りの風習の重要性を説いているが、その一方で、親が子どもに示す愛情の証がこうした風習に際しての消費行為であることを強調して次のように述べている。

「幾ら親子の間でも自然の愛情ばかりでは足りませぬ。子供にちゃんと具體的に實際の上から愛情を働かせて見せてやることが必要です。例へば『雛祭りの時にはお母さんが新しいお道具を買って上げる』とか、『人形を買って上げる』とか或は『大さうよく勉強したからお父さんはこ

図4－14　田中家所蔵の紫宸殿飾り
（1917年の祝品）

図4－15　雛人形陳列会の流行
商品予想案内（『三越』
第6巻第2号より）

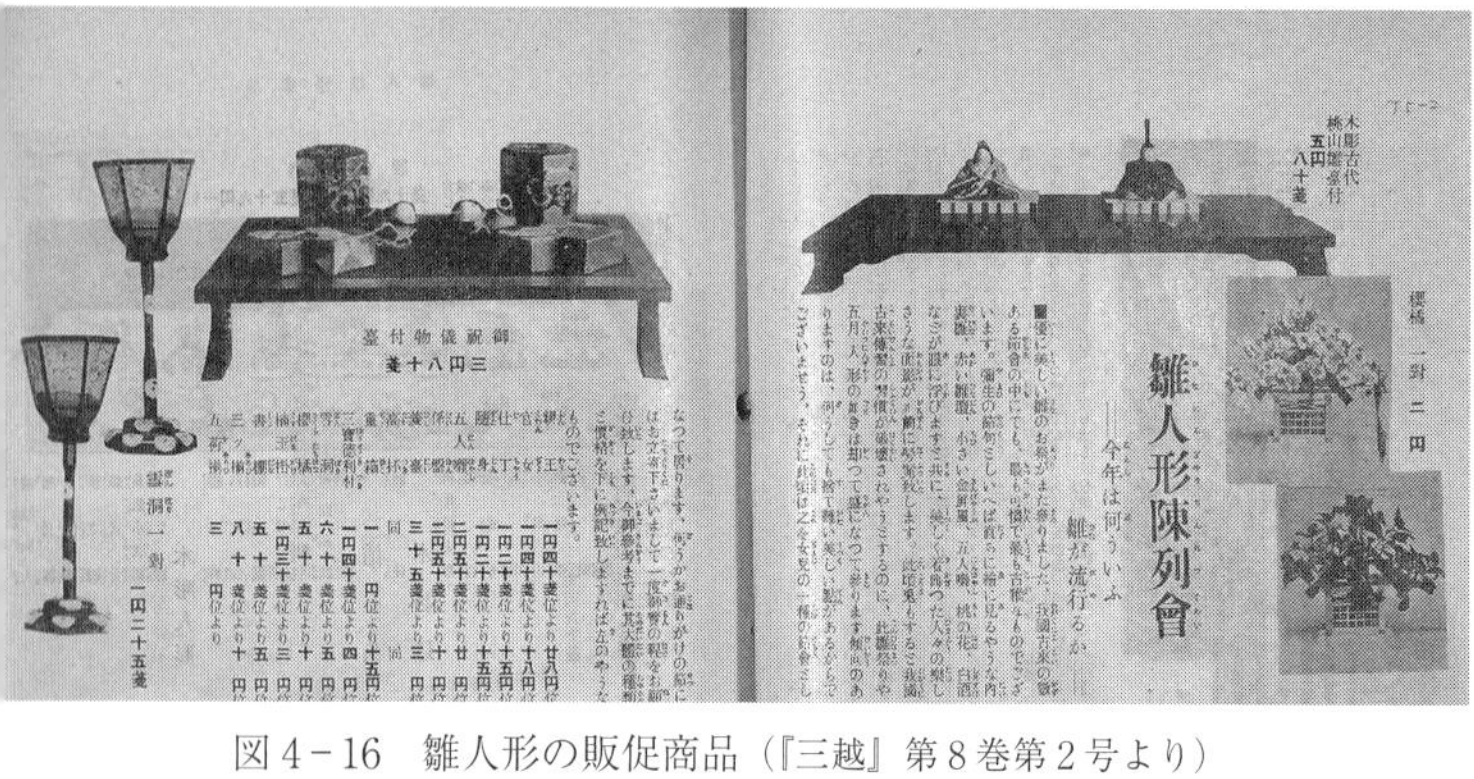

図4－16　雛人形の販促商品（『三越』第8巻第2号より）

う云ふものを買ってあげる』とか云ふ風にするならば、子供がどんなに喜ぶでせう。（中略）そう云ふようにして平常親が子供を愛してその愛をかういふ機會に實際に現はしてやると益々子供が親を有難く思うやうになって来るのです。親が自分で酒を飲んだり遊んだりしながら子供がお雛様を買って呉れといふと『何だお雛様處ではない、此月の拂いをどうしようかと思っているのじゃ』など言はれては御座が褪めた話であります。自分が毎日一合飲む酒を五勺にしても子供の為に一つのお雛様を買って遣ると云ふ事があってこそ心から親の有難いことを子供に感ぜしむることが出来るのです[19]」

子ども本位の近代的な家族観は大正期に児童文学だけでなく衣食住さまざまな分野で注目されるが、その基盤を作ったともいえる高島が、百貨店内での話であったにせよ、子ども本位＝子どものためにお金を使う、と述べるのは注目に値するが、愛情を貨幣価値に置き換えることに対して、少なくとも文面からは後ろめたさは感じられない。百貨店ではこの頃から二月頃になると雛人形の陳列会を催し、古くから雛市の行われていた日本橋よりも一足早く、雛人形の売り出し攻勢を開始している[20]。そこでは毎年、新しい型の雛人形が発表された。ある商品が「今年の型」「新作」と銘打って、衣服と同じように流行が毎年更新されるようになるという状況は、戦後の高度経済成長期に家電や自動車に起こった現象に先立つものであったといってよい。

生活習慣、風習などに関する提言も見られた大正末の生活改善運動では、雛祭りは特に「雛祭りの改善」として独立した調査報告が出されている。それによると、

一、雛祭は女児本位の楽しい人形祭日とすること

二、雛祭りの様式は次の様にしたい

イ　雛飾り並びに附属品は可成質素にし現代に適応した物を用ひること。

ロ　雛菓子は豆煎、草餅等を本体とし、自然物としては、蛤、榮螺等を用ひること。

ハ　飾花としては桃、菜の花等を用ひること。

ニ　飲料としてはアルコール分のない甘酒等を用ひること。

ホ　招客は大人客も子供に準ふこと。

へ　贈物をする場合はすべて子供本位のものを選ぶこと

三、雛祭の様式は必ずしも全国統一の必要はない。寧ろ夫れ夫れ地方的色彩を発揮せしむるが可い(21)

このような方向性が示されている。生活の合理化を目指す生活改善運動では、当然華美な大人の趣味的な雛人形は相応しくないと、徹底して子ども本位の提案となっているが、それでも雛祭りの習慣そのものを非合理的として排除することはなく、積極的に地方独自の風習を認めようとしている。こ

のときまでに、雛祭が人々の生活の中で否定することができない大きなイベントになっていたことがうかがえる。しかし、改善運動で示された子ども本位の視点は結局のところ、子どものイベントに相応しいようアレンジされた、新たな子ども用商品の需要を生み出していくことにもつながっているのである。

百貨店でも、雛人形だけでなくお祭り用の食器や菓子などが次々と雛祭り用として商品化され、販売されているが、上記の「雛祭の改善」でも、アルコール分を含まない飲料として、カルピスなどが推奨されている。こうしたイベントに人形以外の産業も参入していく状況がうかがえる。

大人のための雛人形販売

百貨店では一般家庭向けの雛人形商品に混じり、早い時期から大人の趣味的な人形も販売されるようになっていく。この傾向の端緒となったと思われるのが、一九〇九年（明治四二）の「新古雛人形陳列会」（図4―17）という文化催事であった。

前述の「雛遊会」の延長上と位置づけられる三越の陳列会では、各時代、各地方の雛を網羅した約二〇〇〇点が展示され、さらには西澤仙湖、大槻如電、伊達伯爵家、神坂雪佳などからの参考品もあり、「好事家の希望を満足しえて好評」[22]だったと報告されている。この年、「大供会」が結成されており、西澤や大槻らが三越という場を借りて、より大々的に自らのコレクションを披露し、また、百貨

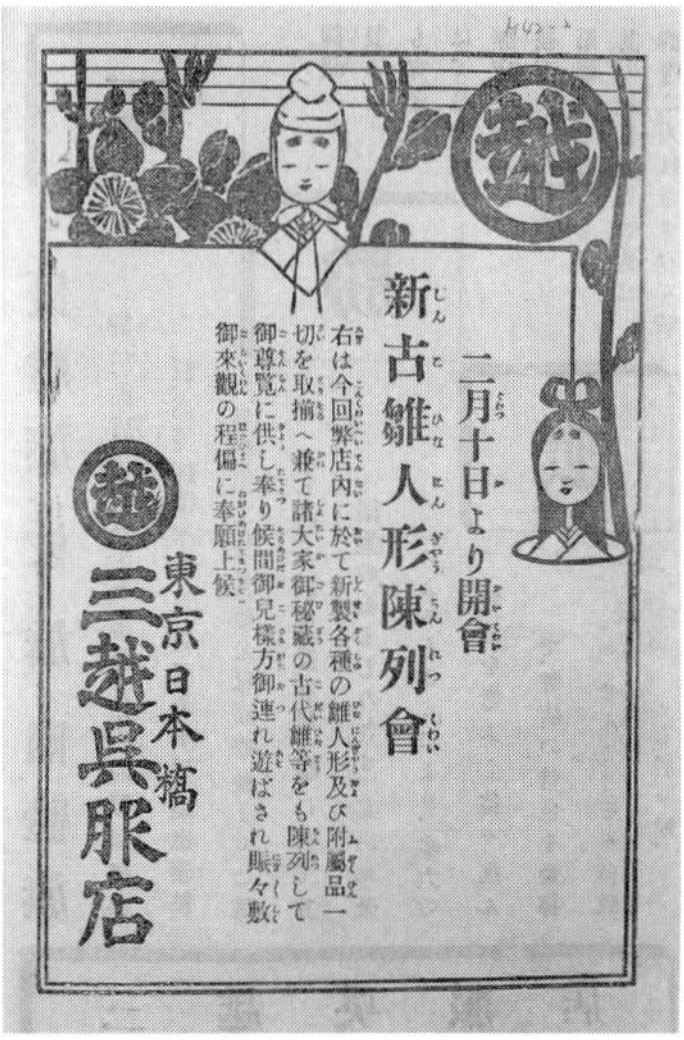

図4－17　新古雛人形陳列会の案内
（『みつこしタイムス』第7巻第2号より）

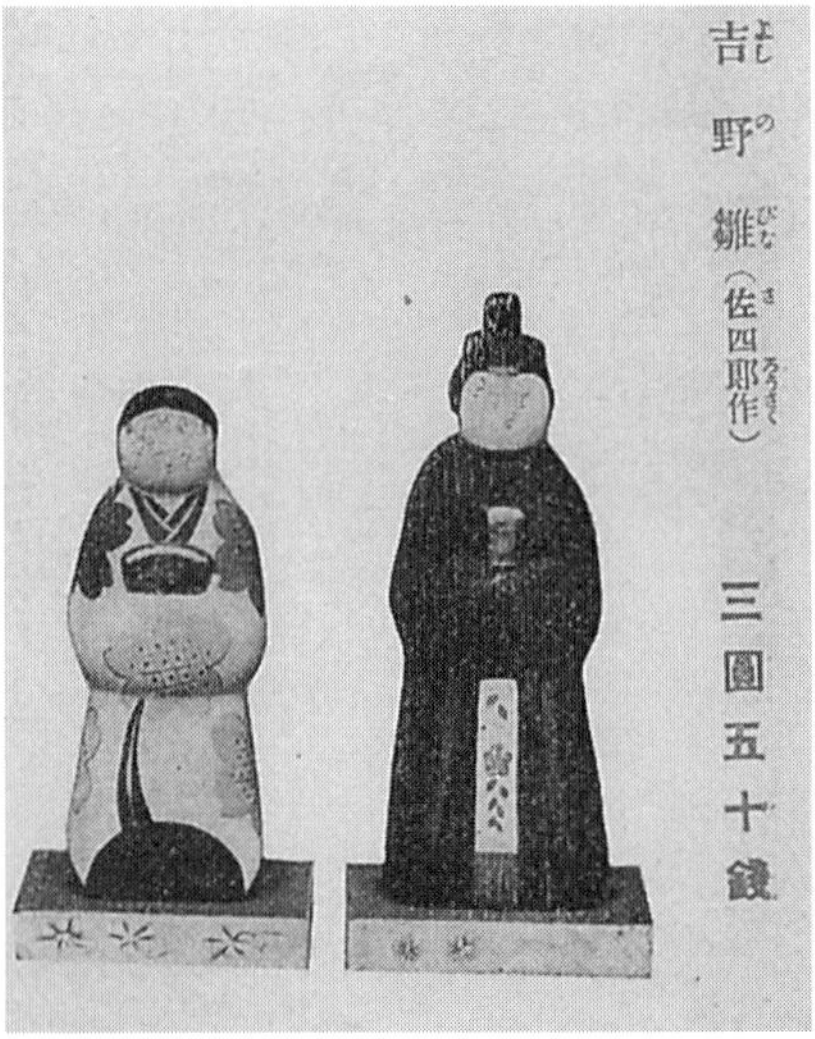

図4－18　佐四郎作吉野雛
（『三越』第1巻第1号より）

店のネットワークを借りて網羅的な人形展示を行ったことがうかがえる。この展覧会を機に、大供会は三越の一連の雛人形復興活動に大きな影響を与えていくと同時に、彼らの趣味は百貨店の商業主義の中に取り込まれていくことになった。

一九一一年（明治四四）には、店の抱える彫工、画家に歴史的な価値のある古製品の標本を与え、古代雛を制作する試みがスタートした（図4―18）。以後、毎年二月初旬からの雛人形陳列会では、好事家を意識した商品が多く見られるようになっていくが、これは明らかに人形玩具趣味が中間層にも広まり、大衆化されていったことを物語っている。例えば一九一二年（明治四五）、『みつこしタイムス』には「近来雛に対する世人の趣味は次第に向上し、単に婦女子の為めの節会というよりは、娯楽的に蒐集する方非常に激増したれば、一般の御嗜好は形小さく品よきものに傾き、古代の模作及び新製品など、殆ど御需要に応じ兼ねるばかりなりき[23]」とある。「お子様の御座いません御家庭でも雛をお買なされてお飾りになったり、或は蒐集してお楽しみ遊さるる方」の増加を意識し、小型化され、美術的な商品が目立つようになっている[24]。この年の掲載商品の中には、有職九重雛、光琳雛、子宝雛、豆雛、奈良人形など、小型で歴史的な雛の復刻、さらには久保佐四郎[25]や加納鉄哉らによる美術作品的な人形も商品として掲載されている（図4―19〜22）。ここで激増したといわれる「娯楽的に蒐集する方」とは、それまでの集古や大供のメンバーのような生粋の趣味人ではなく、百貨店の顧客層である都市部を中心とする中間層であったことが重要である。古い玩具の再生産により愛好者が増え、江戸

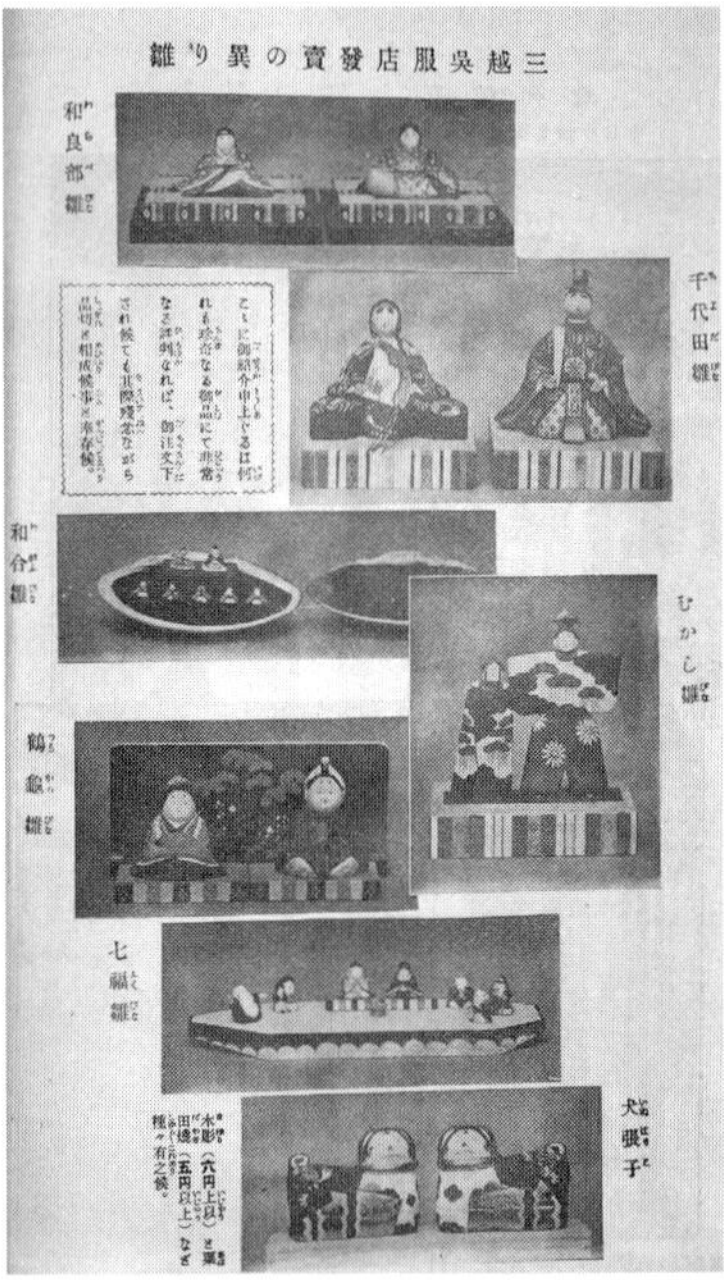

図4－19　異り雛（『みつこしタイムス』第10巻第3号より）

的な趣味の世界に憧れる人々が、このときすでに相当数出現していたことを示しているといえる。

この傾向は年を追うごとに顕著になり、「美術的雛人形」あるいは「特殊雛」「変り人形」というジャンルを形成していく。「名工の意匠になつた雅致高き雛類の賣行きの盛んな事は、意想の外でございまして[26]」とあるように、百貨店の思惑をはるかに越え、好事家たちの趣味は中間層に貪欲に模倣されていくことになった。『三越』誌上の雛人形の紹介記事には、毎年次のような文章が見られるようになる。

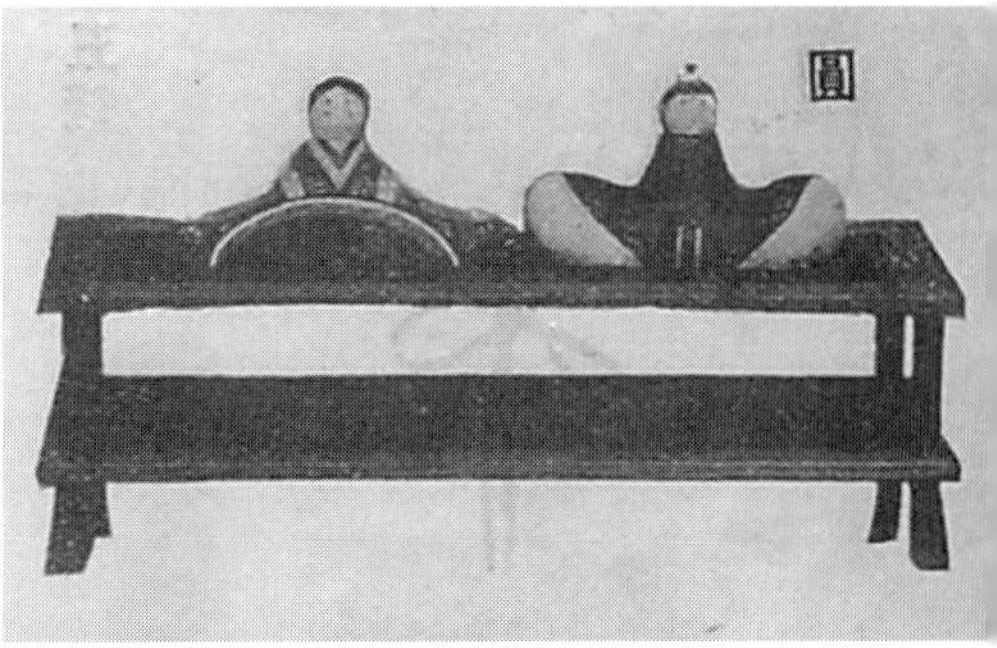

図4－20　光琳雛（『三越』第2巻第2号より）

図4－21　子宝雛（『みつこしタイムス』第10巻第2号より）

図4－22　奈良人形（『三越』第2巻第2号より）

「単に御嬢様がたの行末祝う雛飾りの目的物として尊敬さるるばかりではなく、今日では芸術を鑑賞さるる方々の御床飾りとして、立派な芸術品に相成りました(27)」

「雛人形も僖に所謂十軒店式のものばかりではなく、現代名匠の手に成ったものや、古來の大家の製作品を模倣した美術品も澤山に供給(28)」

「此頃は之を女児の一種の節會として見るばかりではなく、美術的に愛玩されやうとする方も出來て参りました、人形なり其他の付属品が、一時的のねり物ばかりではなく、木彫とか或は木目込などで、極めて精巧なものが多く出來て参りました(29)」

掲載商品には木目込や木彫の変り雛が増え、木彫り天平雛、鎌倉時代の出世雛、木彫り七宝雛、豆雛、木目込観世雛、室町雛、元禄雛、娘義太夫雛など、「大抵なものが古典閑雅な雛人形に融化(30)」して、多種多様な人形が定価販売されている（図4－23～27）。さらに作家名の付いた人形も大正初めには販売され始めており、こうした人形の中には、もはや雛祭りの季節に飾られるだけでなく、一年を通して飾られる美術工芸品という色彩の濃いものも増えている。

大正半ば頃からは、さらに特殊な美術的雛人形の趨勢が増していく。「異常に好古癖の高まった今日好評を博し得るだろうと信じております(31)」と記されているように、寛永雛、享保雛、次郎左衛門雛など江戸時代流行した雛の新製品のほか、高砂雛、御大典雛、大津絵雛、勧進帳雛、能人形雛などが見られる。一九一九年（大正八）には、川口浮舟、木島良宗など作家名入りの雛人形が新美術部から販売されており、久保佐四郎や吉田永光作といった作家名の付いた商品が目立つようになっていく（図4-28）。能や歌舞伎由来の雛人形など、あらゆる人形を飾って楽しむというのは一般的な雛祭りの風習でもあり、田中本家でも多くの人形が確認されている（図4-29）。しかしPR誌からは、この傾向が少しずつ子どものいる家庭の趣味嗜好からずれていくことも読み取ることができる。

この一九一九年（大正八）の雛人形陳列会は二月一日からに早まり、十軒店とはさらなる差別化を図っている。また同年、大供会の人形玩具逸品会も同時期に開催され、雛人形陳列会とタイアップするように雛に因んだ品が出品されている。翌二〇年には、前述の大供会主催による「新古雛人形陳列会」が文化催事として二月一五日から開催されており、雛人形消費は大人の趣味をも含めたブームというべき現象へと変化していることがわかる。

五月人形についても次のような記述がたびたび見られ、同様の傾向が確認できる。

「その売行のさかんなる、例年に其比を見ず。其技術の精巧にして数多く制作するを得ざりし木目込人形、其他の好事家的人形は、需要供給を圧して、開賣後数日ならざるに、品切れとなりたるものも少なからず」(32)

「天下の名工に委嘱し、美術的人形を作り出しますので、それが各家庭の装飾品ともなりまして、

図4－25　豆雛・玉雛・官女（『三越』第4巻第2号より）

図4－23　木彫天平雛・木彫直衣雛・木目込観世雛（『三越』第3巻第2号より）

図4－24　木彫七福雛（『三越』同前より）

図4－26　木目込観世雛（『三越』同前より）

図4－27　雛人形・特製能人形（『三越』第10巻第2号より）

図4－28　川口浮舟作木彫杜園雛舟作（『三越』第9巻第2号より）

季節以外にも床の間の置物として珍重されるものが少なくござりませぬ(33)」

「本年は昨年に比してずっと木彫の変ったものが出来て参りました、別項の写眞にもあります如く桃太郎、弁慶、義経というやうな、殆ど美術品壘を摩するやうなものすら出来て参りました（中略）この変り物が一般の歓迎を受けて居ります、つまり今まではお子供が見て美しくて勇ま

図4－29　田中家所蔵の胡蝶の舞人形

図4－30　鎧兜（『三越』第6巻第4号より）

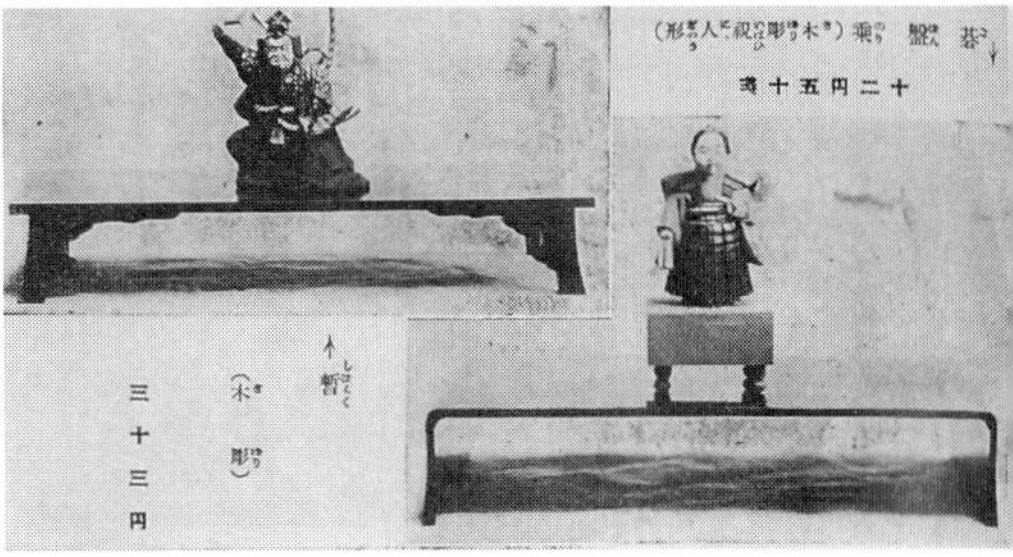

図4－31　木彫五月人形（『三越』第13巻第4号より）

図4－32　盃を舟に見立てた鐘馗人形（『三越』第10巻第4号より）

図4－33　平櫛田中作美術的五月人形（『三越』第10巻第4号より）

しいものでありさへすればよろしうございましたけれど、近來は父兄の方が御覧になって面白いと思はるるやうなものが多くなりました[34]」

具体的には雛人形と同様、通常の武者人形や鎧兜（図4－30）に加えて木彫や木目込が多く（図4－31）、好事家向けの作品にはストーリー仕立てのものも多く、田舎家を背景として桃太郎が出陣する光景の木彫人形（一九二〇年）、鐘馗が大鬼を征服して朱塗りの盃を舟にして舟遊び（同年）などの変った人形も目立っている（図4－32）。全体的に五月人形の時期には、雛人形をやや上回るくらいに好事家向けの人形が豊富に紹介されているのである。

ＰＲ誌上では積極的に紹介されていた五月人形であるが、実際には雛人形に比べると復興の勢いが弱かった。その理由として、定まった形式が作られなかったことが指摘されている。大阪三越で一九三四年（昭和九）に開催された端午展覧会に因んだ座談会では、このような意見が見られた。

「お雛では一般の人が何を買つてよいかちやんと知つてゐるが、五月ではそれほどまでに知られてゐない。五月の普及を計るには何か一つの形式とか標準を定める必要があらう[35]」

確かに飾り方も自由な五月人形では、兜や鎧、武具、その他武将や鐘馗の人形などが知られるが、雛人形のような形としては定着していない。しかし、これは一般顧客に向けられた意見であり、定型が作られなかったゆえに、五月人形では雛人形以上に大人の趣味のための自由な人形を売り出すことができたのだと思われる。後述するように、美術的人形もさらに作家名の入った人形については、一九一八年（大正七）頃から島高秋氏、川口浮舟、平櫛田中、木島良宗などによる木彫の美術的人形作品が確認できる（図4－33）。こうした作家の作品は、後述するように昭和に入るとより強まっていく。

3　関東大震災後における人形玩具趣味の大衆化

人形玩具出版物

関東大震災により、好事家たちは自らのコレクションの多くを焼失し、また、人形玩具生産の現場も壊滅的な被害を受けた。こうした危機的な状況が、かえって新たな収集熱を刺激することになった。一九二四年（大正一三）春には震災で焼失した人形の霊を慰めるべく「雛供養」が営まれ、淡島寒月ら人形愛好家五〇人が集まった。さらに翌二五年二月には、三越で大供会主催の人形玩具逸品会が再開され、同年三月には「児童用品展」会場にて、コレクションを焼失した人のための「土俗玩具の即売会」が開かれている。震災後の早い時期から三越では雛人形、変り雛人形の陳列を再開させている。そして、昭和の初めになると、古い人形玩具が「郷土玩具」という呼称で統一されるようになり、多くの出版物が刊行され、各地で郷土玩具趣味の同好会が結成されていく。

もともと玩具収集趣味には、あらゆるものを網羅し博覧するという博物学的な傾向が強く見られた。『うなゐの友』(36)に始まり、天沼匏村『玩具の話』(37)（一九一四年）、淡島寒月『おもちゃ百種』(38)（一九一六年）、川崎巨泉(39)『おもちゃ千種』(40)（一九二〇～二二年）など、初期から日本各地の玩具を広く紹介するという出版物が多数刊行された。震災後、多くのコレクションが失われると、有坂與太郎(41)『日本玩具集　おしゃぶり』(42)（一九二六年〈昭和元〉）など、出版はいっそう過熱していった。昭和に入るとその傾向はさらに強められ、郷土玩具と近代玩具、あらゆる玩具を体系化していこうとする動きが顕著になる。有坂與太郎『日本玩具史』(43)（一九三一～三二年）、武井武雄『日本郷土玩具　東の部　西の部』(44)（一九三四年）、『玩具叢書』(45)（全八巻、一九三四～三五年）ほか多数の全集、叢書的な出版物が出される。(46)

このように過剰なほど人形玩具に関する網羅的な出版物が刊行されていく背景としては、戦前期の有力な輸出産業としての玩具への関心、そして、大正期以降の児童文化の興隆の中での玩具への関心などが背景にあることは確かであるが、この時点までに考古学や民俗学などから取り残された人形玩具の分野について、きちんと網羅的に分類することで学問体系化し、評価を高めたいという有坂與太郎のような意図が見られたことも事実である。さらにそうした意図を越え、これらの出版物は新興のコレクターにとっての手引書として機能していくことになる。

加藤幸治は、こうした博物学的な郷土玩具趣味の知識が、雑誌化、図鑑化、マップ化、ランキング付という四つの記述方法で表現するに至ったと分析している[47]。明治期とは異なり、震災後になると人形玩具は系統的に把握されなければならないものとなり、そして、その記述方法には趣味を共有する人たちの間で通用するルールが生まれたことに着目し、この方法論の確立が、趣味を全国に拡散させていく基盤となったと述べている。加藤の述べる郷土玩具趣味の大衆化の傾向は、その後のマニアの世界に通底する特徴となっていく。

マニアックな趣味の特性の一つとして、自分たちの蓄えた知の体系化、データベース化をしようとする傾向が挙げられるだろう。マニアたちの膨大な知識が書籍などを通して一般に伝えられたことで、その知識が一般に拡散していく。そのことで、一部の好事家が互いに秘蔵品を見せ合う内輪の趣味の段階から、さらに新たな愛好家が生まれるという、趣味の大衆化への移行を引き起こしていくのである[48]。大塚英志は一九八〇年代に「収集」行為に変化が生じたことを指摘している[49]。本来、コレクションとは主体の表れであり、何を収集するかの価値判断が力量として問われたため、趣味の世界で卓越化のための闘争が展開されていった。しかし、大衆消費社会の発展の中で、こうした趣味の構図が変容していったことに大塚は着目する。当時、コレクションの対象となっていた「ビックリマン・シール」においては、何を集めれば良いかがマニュアル化され、そのマニュアルに沿って収集していく人々、すなわちレディメイドの価値をただ模倣するだけのコレクターが増殖していった。大塚が指摘する新たな大衆化されたマニアの姿は、まさしく昭和初期の郷土玩具趣味の大衆化の状況と重なるものである。購入すべき商品のマニュアルを片手に、新たに参入した愛好家たちは自分たちのコレクションを獲得していく。

こうした大衆化現象を背景に、郷土玩具の再生産が活発化していった。郷土玩具の場合、古物だけでなく、各地で生産されている新しい郷土玩具も収集対象となり得る。しかし、好事家たちの自慢の逸品であった古物については数に限りがあり、高価なもので中間層には入手が困難なものであった。そこで、新しく量産された趣味の商品が主流となっていく様子は、雛人形・五月人形の商品展開からも明らかである。「古代風」「○○時代風」といった、伝統・歴史という形をまとった新品のフェイクが新たな層に提供されたのである。

そうした人形玩具商品の大衆化の一方で、コレクションの方法の複雑化が進行し、干支、地方、種類、材質、時代など、収集のバリエーションが異常に増えていく。趣味の世界のデータベース化が進む中、与えられた既存の価値の範囲で収集をしていく人々にとって、新たな卓越化のためのゲームとして、収集手法の細分化が必要となる。こうした状況は、その後のマニアックな趣味すべてに共通するものともいえるだろう。

変り雛の通俗化

この雛人形のデザインは、震災前後から、さらに新たな特徴を生み出した。すでに震災前の一九二三年（大正一二）の時点で、もはや一般家庭用の雛人形は掲載数も説明も少なくなっており、特殊雛の説明が主になっている（図4－34）。特殊雛については、有職式御慶事雛、天平雛、享保雛、吉野雛、宮内雛などに加え、春駒、兎持、御所人形、七福神弥生の遊びなど、郷土玩具的な色彩のものも目立っていく。その後も徳利雛（一九二六年）、寒月雛（一九二八年）、木彫竹取雛（一九二六年）、木形抱一好み御行雛（一九三一年）といった、好事家好みの人形が多く見られる（図4－35〜38）。

さらに注目すべきは、ミットの形の懸額にバットの内裏にボールの姫という趣向の「野球雛」（一九二三年、図4－39）のような現代風俗をテーマとした変り雛が出てきている点である。大人の趣味的な雛人形が増えすぎたため、子ども向けの商品が生まれたことも背景にあるが、こうした現代風俗を現した変り雛でさえ、大人向けと思われる商品が混ざっていく。震災による中断後、再開された一九二五年の陳列会では「ノンキナトウサン」の変り雛、その後もスポーツ雛（一九二六年）、表現派式立雛（一九二八年）、モダーンコーラス雛（同年、図4－40）、銀ブラ雛（同年）、近代主義的雛（一九三一年）など、ここに至り、世俗的な変り雛は江戸的な良い趣味を離れ、新奇でナンセンスかつ「キッチュ」なデザインにまで変質していることがわかる。

郷土玩具の「復刻」と「創生玩具」

震災後から昭和初期にかけて人形玩具趣味が大衆化していく過程で、キッチュな商品の出現とともに

図4－34　変り雛百種
（『三越』第19巻
第2号より）

▼図4－35　木彫享保雛
（『三越』第13巻
第2号より）

図4－36　木彫天平雛（『三越』同前より）

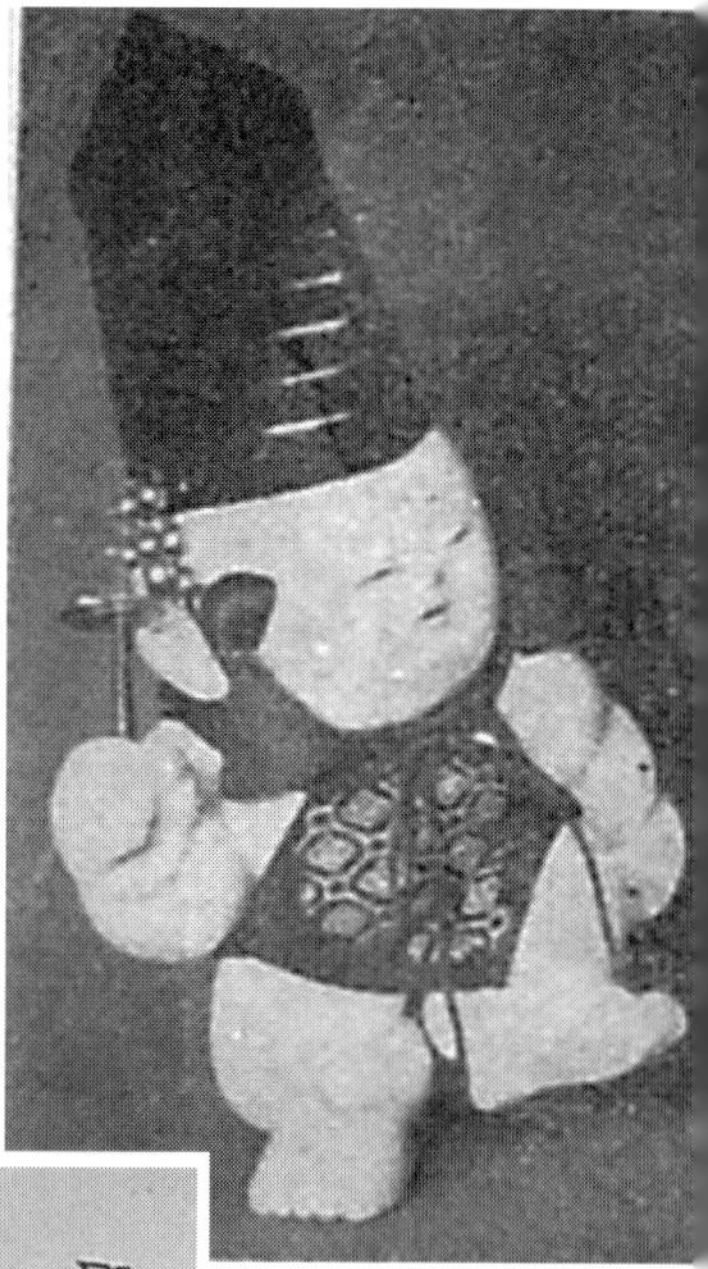

図４－37　御所人形
（『三越』同前
より）

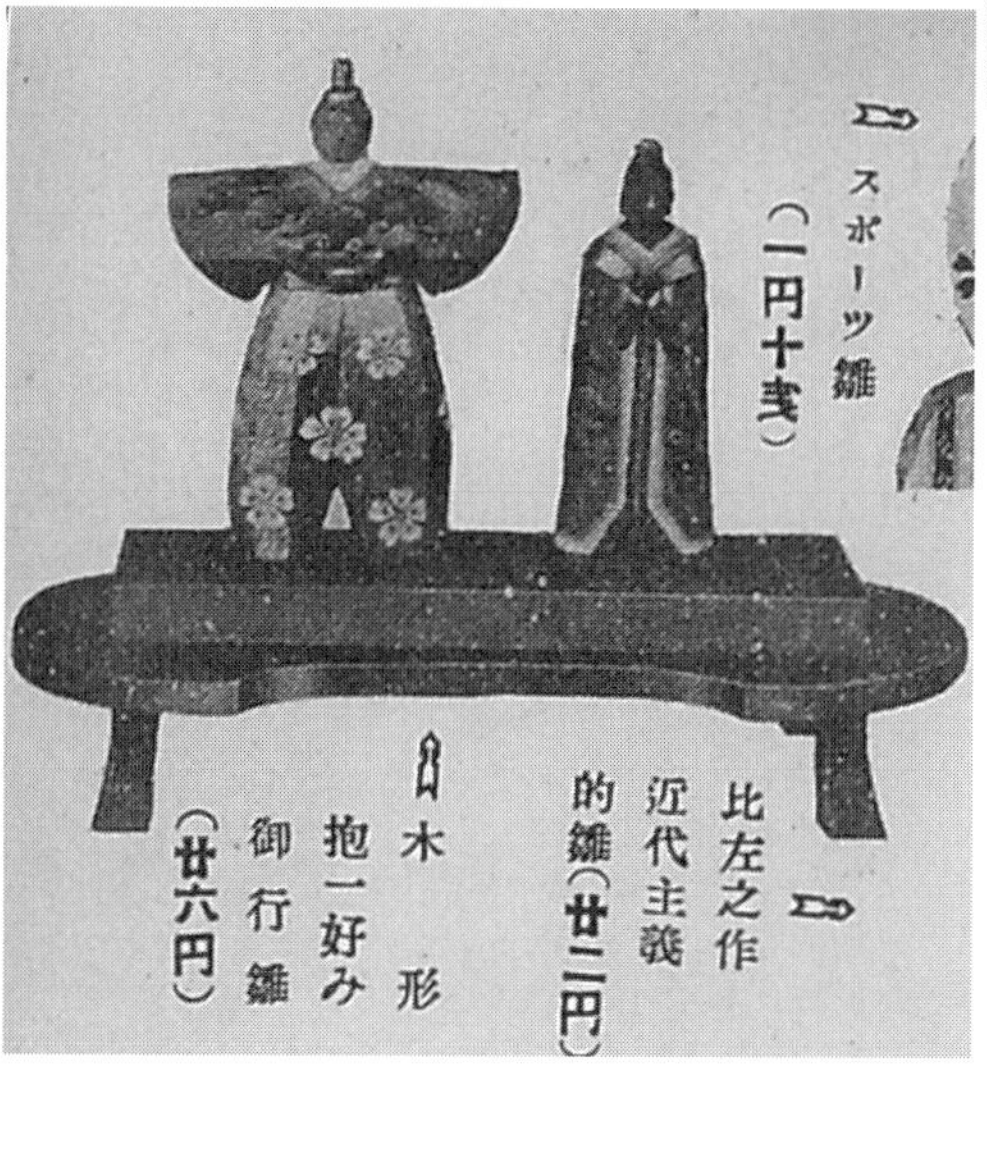

図４－38　御行雛（『三越』
第21巻第２号より）

図4－39　野球雛（『三越』第13巻第2号より）

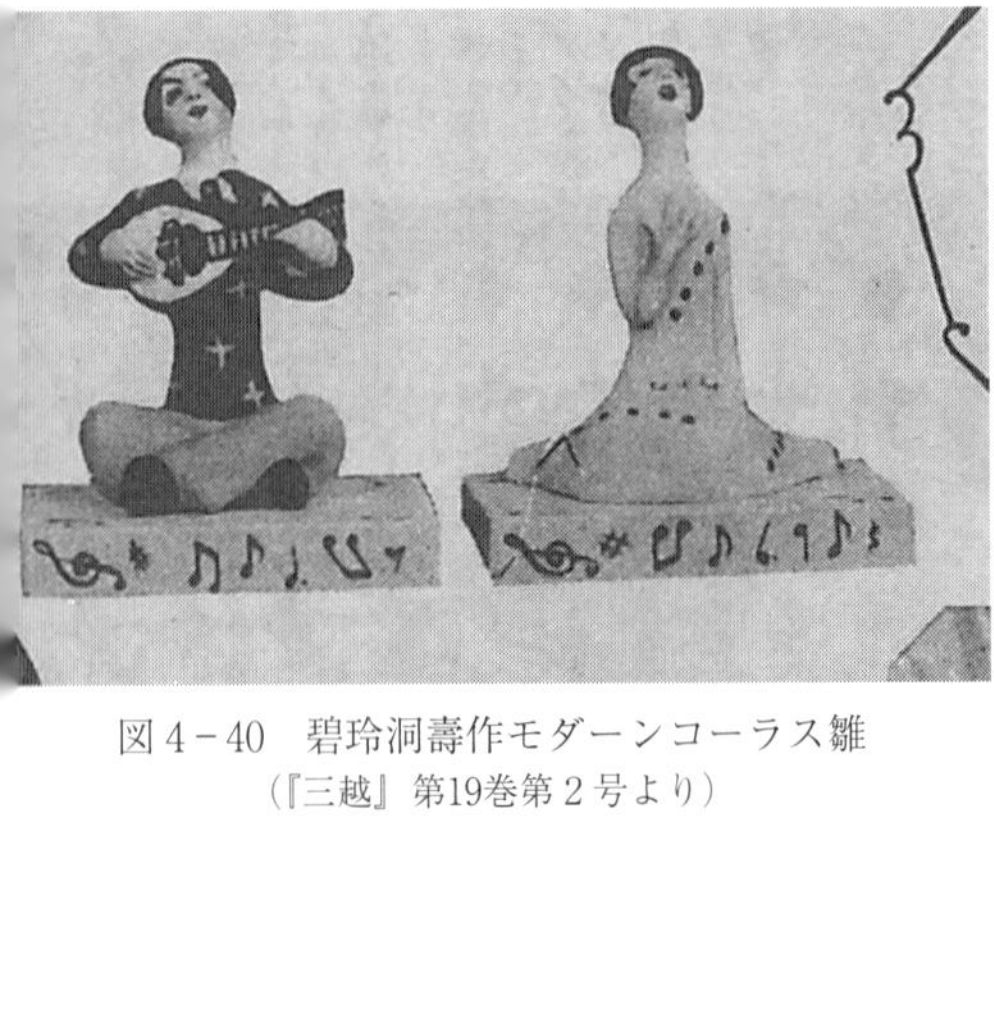

図4－40　碧玲洞壽作モダーンコーラス雛（『三越』第19巻第2号より）

に目立ったのが、人形玩具が積極的に趣味人たちによって制作されるようになったことである。この時期、それまでの人形玩具、あるいは大供玩具などは、「郷土玩具」という名称に落ち着いていく。加藤幸治は、廃絶玩具を復刻する「復作」と、郷土的な玩具を新作する「創生玩具」という二つの傾向を指摘しながら、当時の人形玩具趣味が蒐集行為にとどまらず、制作行為へ向かっていく当時の状況を明らかにしている(50)。

すでに明治末頃から、「日本オモチャ会」や「みつこしオモチャ会」のように、廃れてしまった古い玩具を、造詣の深い趣味人たちの案によって復刻・販売するという試みも見られていた。こうした傾向は震災で多くの人形玩具が焼失してしまったのち、特に顕著になっていく。新品・新作であるため、有る程度の量産も可能であり、価格も低い。結果的に新たに人形玩具収集の趣味に加わった中間層にとっては、購入しやすい商品だったはずである。

さらに単なる忠実な復刻だけでなく、郷土のさまざまな風俗や伝説や昔話などを詳細に研究し、その成果をもとに新しく玩具を創作するという人も現れたことを加藤は強調している。まさに今日に至るアマチュアの自作趣味のはしりといえる。このような行為は、「おそらく廃絶した郷土玩具に対する情報蒐集のうちにそれらを製作してみたくなったところから始まる(51)」という。この「製作してみたくなった」という気持ちが、注目すべき点であるといえる。素朴なものが多い創生玩具は、日本画や陶芸など美術工芸品に比べて素人でも試みやすい。土鈴の制作などに表されているように、作ろうと思えば誰にでもできてしまうものが多い。さらにこの創作玩具は復刻すべきモデルがあるのではなく、基本的に作者が自由に造形することから、結果的に大正期に興った農民美術運動と似通ったものになっていた。山本鼎がロシアの農民美術に触発されて日本でも農民の素朴な感性によるもの作りを提唱したこの運動は、木片人形という、各地の特色を盛り込んだ木彫りの素朴な人形も見られ、郷土玩具的な色彩を帯びることになった。創生玩具の方が郷土研究家による歴史的考証が反映されてはいるが、出来上がったものは同じ様に、何となくその地域の「郷土らしさ」を示すもの、という類になってしまったのである。

ここに農民美術、あるいは複製玩具・創生玩具のいかがわしさ、あるいは限界があると、加藤は述べている。すなわち昭和初期、人形玩具趣味の人口が増大していくとともに、オリジナルとコピーの関係が曖昧になり、「何となく郷土らしい」ものが量産、流通していく。特にこの頃日本国内の観光ブームにより、各地の土産物生産が盛んとなり、この中で「郷土玩具的なもの」の需要が高まっていったことも大きい。商業的には成功しなかった農民美術に対して、ご当地の特色を出した郷土玩具の再生産は、直接的に産業に結び付きやすかった。そして、郷土玩具研究の果てとしての創生玩具も、その歴史的考証を踏まえた形が愛好家たちに歓迎されたのである。

こうした状況は、実はすでに述べてきたような雛人形の制作過程に早くから表れていたことに気づくだろう。大供会を中心とする好事家の影響から、新しい雛人形だけでなく、古代から近世の雛人形の復刻は、三越でも盛んに行われていた。その中には、享保雛、次郎左衛門雛、古今雛など、古い人形の特徴的な意匠をそのまま復刻するようなものだけでなく、元禄雛、木彫り天平雛、木目込観世雛など、何となくその時代を伝えるというようなものも含まれていたことを、ここで思い出さなければならない。「大抵なものが古典閑雅な雛人形に融化」とあるように、あらゆる古い時代を再現する人形が、近代になって作られていたのであり、そして、これらの雛人形はどれも趣のある品として、大人たちに愛好されていった。

一九一二年（大正元）一二月に開催された大供会主催の第二回「人形一品会」では、清水晴風自身が制作した「若衆立姿」が出品された。道楽がエスカレートした結果、好事家自らが歴史的な考証に基づいた人形を創り出してしまうという展開は、まさしくのちの創生玩具の制作態度につながる行為であるといえる。しかし、当初はこうした晴風のとった態度について、必ずしも称賛が得られたわけではなかった。西澤仙湖は、「近来鵜の真似をする烏供が盛んに変なものを拵へて押通して居るのは閉口です。晴風翁もいくら結構なものとは云へ、こんな類はあまり沢山拵へない方が宜しからうと存じます。」[52]と、批判的な見解を述べている。いくら人形博士といわれた晴風といえども、自作というのはある一線を越えてしまった行為と見なされているのである。この時点では、勝手な創作行為は、あくまで模倣の域を出ないものであり、オリジナルの型であることが重視されていた。しかしこの境界は、その後、次第に曖昧なものになっていく（1章1節の「人形玩具収集趣味の展開」参照）。

こうした雛人形と同じく、復刻された玩具や創生玩具は、新品でありながら古い郷土玩具として位置づけられ、新興の愛好家に購入された。これらの流れを考えるなら、歴史的な考証に基づき、その時代を想起させるような特徴を付していくという手法は、人形玩具の趣味が大衆化していく最初の段階から起こっているといえるだろう。絵画においては贋作になるはずのものが、人形においては評価される。この近代における人形玩具の復刻は「創られた伝統」[53]にほかならず、消費者が購入する商品である以上、大衆化に伴うこうしたフェイクの増殖は、百貨店のような場においては必然的に起こる現象であったと考えられるだろう。

美術的人形の興隆

そしてもう一つ、この大衆化の時代に特徴的だったのが、人形作家による美術的人形の制作・販売であった[54]。彫刻家である竹内久一や加納鉄哉が自ら雛人形を制作し展示していたことは、先述の雛遊会の出品記録からもわかるが、こうした彫刻家が作る雛人形は、次第に特別な美術作品として大衆に販売されるようになっていく。

すでに雛人形では大正初め頃から、五月人形では大正半ば頃から、人形の中にも作者の名入りの商品が混じっていた。例えば、一九一八年（大正七）四月の『三越』には平櫛田中作の「木彫鐘馗」（高尺四寸台共、六五円）、木島良宗作「木彫、具足」（五寸、一三円）などによる木彫り人形が掲載されている。奈良人形の作家である木島だけでなく、彫刻家の平櫛田中も、木彫りの小品を節句人形として制作している。三越では早くから平櫛の作品を評価し、一九一〇年（明治四三）一〇月、日本橋本店で開催された第一回美術及美術工芸品展覧会では、この頃新進の彫刻家として注目されていた平櫛の話題作「法堂二笑」を日本彫刻会から購入して一般に展示している。(55)

この傾向が昭和に入るといっそう強まり、永光、佐四郎、碧玲洞壽、比左之といった人形作家によるものも、以前と比べ増加している（図4－41・42）。しかし同時に、こうした人形作家による自由な創作は、節句の人形の型にはまらない表現に向かい、前述したような通俗的でモダンな変り雛をも生み出すことになった。

人形作家の注目が集まる中、美術的人形の制作研究を志す人形師の会として一九二八年（昭和三）、「白澤会」が結成された。平田郷陽、池野鉄幹、岡本玉水、久保佐四郎、名川春山、吉田永光ら人形作家を会員とし、顧問には巌谷小波、西澤笛畝、有坂與太郎が名を連ねている。一九三〇年（昭和五）には三越で白澤会主催人形展覧会が開かれており、久保佐四郎の嵯峨人形、名川春山の木目込人形、岡本玉水の御所人形、平田郷陽の写生人形、池野鉄幹の古典的木彫人形、吉田永光の押絵人形などが出品された（図4－43）。この頃、人気の高まりが人形作家たちの芸術家としての自覚を促し、一九三五年（昭和一〇）前後になると、白澤会だけでなく甲戌会、日本人形社、日本人形作家連盟などの人形作家の団体が結成され創作人形ブームが起こった。(56)こうした動きが強まる中、三越では一九

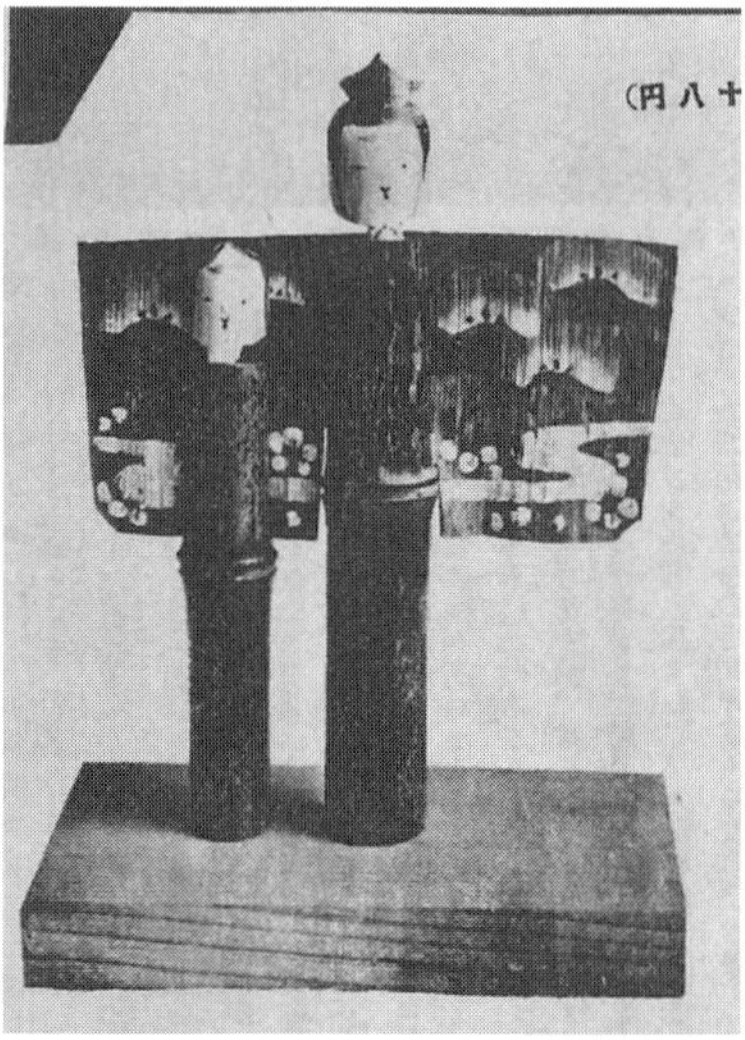

図4－41　永光作鳥慶雛（『三越』第16巻第2号より）

図4－42　比左之作土焼彩色桃太郎出陣雛（『三越』第19巻第4号より）

図4－43　白澤会主宰人形展覧会の案内（『三越』第20巻第2号より）

三一年（昭和六）から「人形逸品会」を開催している。以前の大供会主催の「人形玩具逸品会」とは異なるもので、全国各地の名匠に製作を依頼した、作家による人形の陳列会であった（図4－44）。一九三三年（昭和八）一月に開催された「人形逸品会」は名宝人形を集めた大展覧会となり、次のような文章が『三越』に掲載されている。

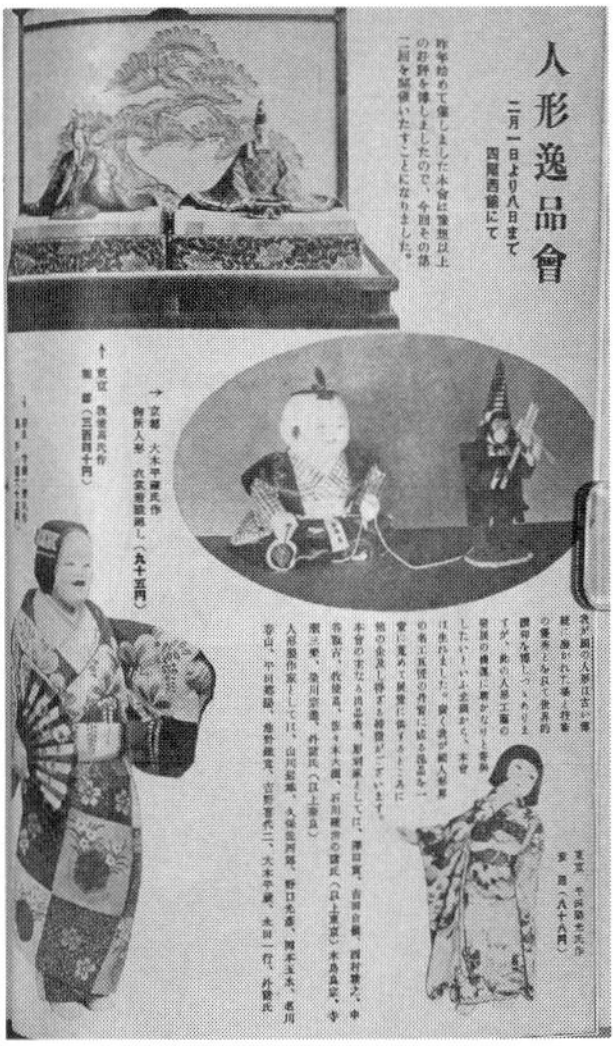

図4－44　人形逸品会の案内（『三越』第22巻第2号より）

「わが邦の人形美術は、その傳統に磨かれたる美と優秀な技巧とを以て今や世界の仰讃の中心となつてをります。古く幼童の愛玩の具にその源を發し、名工巨匠の輩出により遂に純美術の域に迄到達したこの人形美術の粋を一堂に蒐めて、温故知新、以て人形道の歴史を知り更に新たなる道への發展を企劃せんとする念願は弊店として、かなり久しい以前からでございました」[57]

すなわち作家による人形の台頭は、人形を単なる玩具から美術品へと価値を高めさせたということである。一九三六年（昭和一一）、第一回帝国美術院展覧会には人形も出品された。「人形作者の一部の人びとの芸術的意欲と、その作品は、彫塑作品に近づいている。」[58]と山田徳兵衛が述べているように、人形と彫刻との境界は曖昧なものになっている。このことは、大衆化された人形玩具趣味にも影響を与えた。収集対象の価値のわかりにくさが好事家という「目利き」以外の参入を困難にしていた郷土玩具趣味であったが、名のある作家による作品は、そうした鑑識眼を持たない新たな愛好者にとって、わかりやすい指標であったはずである。作家の名が付くことで、コレクションにわかりやすい正当性が付されることになる。この手法は、3章で触れたような益田鈍翁の作った茶器「御殿山鈍阿焼」が商品として販売される状況と重なるものであるといえるだろう。

興味深いのは、ここにきて男性中心の人形玩具趣味の世界に変化の兆しが表れたことである。山田徳兵衛[59]は『日本人形史』の中で、こうした人形制作の興隆において、「人形の専門家はだいたい男であるが、アマチュアは婦人が多い。」(60)としている。男性の人形作家が女性たちにその技術を教える日本人形研究会などの団体も生まれ、講習会、実習会が開催された。「製作の基礎的な実技や理論、そのほか製作者としてのよい教養をもちたいというのが目的であった」という人形研究会には専門家が一〇〇余名、アマチュアの女性が五〇余名であったという。郷土玩具あるいは人形玩具収集がもっぱら男性を中心に展開していたのに対して、女性が人形制作に向かうという傾向については、また別の機会に明らかにしていきたいが、少なくとも郷土の歴史をマニアックに調査した結果としての素人の創生玩具とは異質なものであったはずである。「人形制作」の流行は、人形作家を生み出しただけでなく、人形趣味のジェンダー的な転換をも、もたらしたといえるだろう。

あくまでもマニアの趣味として始まった人形玩具の収集趣味は、古い人形玩具の復刻という手法を導入することによって、大衆にも参入可能な趣味となっていった。このオタク的ともいえる人形玩具の趣味は、中間層には良い趣味として映った。3章でふれたような、昭和初期に頻繁に登場する、コレクションを飾るための人形収納棚の増大が、それを物語っていると思われる。このとき、趣味の人形を飾る収納ケースは、大衆の憧れの的であった百貨店のモデルルームの「良い趣味」の必須アイテムとして用いられたのである。

百貨店が顧客層を拡大していくということは、すなわち「良い趣味」を持たない、そして、そのことに欠如感を抱いている新中間層を消費者に取り込むということであった。初期百貨店が消費文化を創り上げていく際には、こうした新しい消費者に対して高尚な文化をどう手軽に親しみやすい形で提供できるか、ということが常に意識された。人形玩具は、当初は「子どもの取るに足らないもの」という世間での認識も強く、書画骨董などのような高尚な趣味ではなく、コレクションのためには資本力もそれほど必要としなかった。百貨店において、役に立たないことに熱中する「もの好き」にとっては、「児童のため」ということが言い訳になり得たが、同時に一般の消費者にとっては「純粋美術ではない人形玩具」というハードルの低さが好まれ、追随者を多く生み出すことになったと考えられる。また、茶の湯の風流な世界を応用した風流道具といった商品の購入によって、茶の湯を究めなくても表面的に「良い趣味」を獲得できたかのように見えることが、消費者には重要だった。茶の湯や洗練されたインテリアでの生活は、新中間層にとっては憧れであり、それを「道具（商品）」一つで手に入れたような錯覚を起こさせるのが、百貨店のような消費の場であったといえるだろう。

近代以降の消費社会を特徴づけるキッチュとは、多くの人々が「良い趣味」を求めた結果起こった現象であった。江戸趣味も、この現象においては歴史の利用のいかがわしさを垣間見せる事例であったといえるだろう。風流道具や人形玩具という、取るに足らないものから明らかになったことは、趣味が拡散し、新たな層が参入することで現れてくるデザイン表象の一端であったといえる。それらはわかりやすく直接的な表現であり、過剰な表現が随所に見られ、定型化された歴史的表象を断片的に利用し、ときには「古物風」などのフェイク表現に至る。こうした商品が、買い求めやすい手軽な価格の商品として百貨店の店頭に並ぶことになったのである。

〔註〕

（1）改題前の『家庭と玩具』については現在、所蔵先が確認できていないが、香川雅信はこの雑誌について一九一五年（大正四）、三越で児童用品研究会を担当する武田真一が幹事となり、子供用品の開発を目的とした「家庭倶楽部」を設立、その機関雑誌として同誌の刊行を始めたことを紹介しており、同誌が三越の児童用品研究会から派生したものと述べている（香川雅信「〈郷土／玩具〉考」『大阪大学日本学報』二五号、二〇〇六年、二八～二九頁）。

（2）『家庭と趣味』大正五年六月、二～四頁。

（3）『家庭と趣味』大正五年一一月、二～八頁。

（4）『家庭と趣味』大正五年二―四月、八四頁。

（5）斎藤良輔『おもちゃの話』朝日新聞社、一九七一年、一五四～一五五頁。

（6）神野由紀『子どもをめぐるデザインと近代』世界思想社、二〇一一年。

（7）三越の江戸趣味研究については、神野由紀『趣味の誕生』勁草書房、一九九四年、一五六～一六四頁。

（8）『みつこしタイムス』明治四三年第八巻第一号。

（9）西澤仙湖（一八六四―一九一四）：江戸の古物の収集家。雛人形収集で知られる。

（10）『三越』明治四五年第二巻第六号。

（11）『三越』大正元年第二巻第八号。

（12）『三越』大正二年第三巻第一二号、三頁。
（13）雛人形に関しては、主に以下を参照した。山田徳兵衛『新編日本人形史』角川書店、一九六一年（初版は一九四二年、冨山房）。是澤博昭『日本の雛人形』淡交社、二〇一三年。
（14）下川耿史編『近代子ども史年表　明治・大正編』河出書房新社、二〇〇二年ほか。
（15）加納鉄哉（一八四五―一九二五）彫刻家、画家。日本、中国の古美術を研究し、東京美術学校で教鞭を取る。木彫、銅像、乾漆像などを制作。
（16）広瀬辰五郎『江戸絵噺いせ辰十二カ月』徳間書店、一九七八年。
（17）中には全く同じ商品が複数あるケースも見られ、当時の雛人形がある程度量産されていたことを示している。
（18）高島平三郎（一八六五―一九四六）児童心理学者。東京高等師範学校、日本女子大などで教鞭を取る。児童心理学に基づく家庭教育を提唱。三越呉服店の児童研究活動をはじめとする文化活動に精力的に参加した。
（19）高島平三郎「家庭教育から見たる雛祭」『三越』明治四四年第一巻第二号、七〇～八一頁。
（20）前掲註（5）斎藤書、一一二頁。
（21）『生活改善の栞』生活改善同盟会、一九二八年（改訂版）、七四～七七頁。
（22）『みつこしタイムス』明治四二年第七巻三号、四五頁。
（23）『みつこしタイムス』明治四五年第一〇巻三号、一一頁。
（24）『三越』明治四五年第二巻二号、七頁。
（25）久保佐四郎（一八七二―一九四四）明治末から昭和初期に活躍した人形作家。嵯峨人形の流れをくむ木彫盛り上げ着彩人形を復活させた。
（26）『三越』大正三年第四巻三号、七頁。
（27）『三越』大正二年第三巻三号、八頁。

(28) 『三越』大正三年第四巻二号、二頁。
(29) 『三越』大正五年第六巻二号、一二頁。
(30) 『三越』大正六年第七巻二号、七頁。
(31) 『三越』大正七年第八巻二号、九頁。
(32) 『三越』明治四五年、第二巻五号、一二頁。
(33) 『三越』大正二年第三巻第四号。
(34) 『三越』大正五年第六巻第四号。
(35) 大阪こども研究会編『端午』三越大阪支店、一九三四年。
(36) 清水晴風・西澤笛畝『うなゐの友』一八九一～一九二四年（複製、芸艸堂、一九八二年）。
(37) 天沼匏村『玩具の話』芸艸堂、一九一四年。
(38) 淡島寒月『おもちゃ百種』片岡平爺、一九一六年。
(39) 川崎巨泉（一八七七―一九四二）　風俗画家、郷土玩具画家。浮世絵師の中井芳滝に師事。郷土玩具の研究に没頭し、多くの雑誌、図集を刊行した。
(40) 川崎巨泉『おもちゃ千種』一～一〇集、巨泉、一九二〇～二二年。
(41) 有坂與太郎（生没年不詳）　川崎巨泉とともに郷土玩具研究家として知られる。人形玩具を学問として体系化しようと尽力し、『玩具叢書』『郷土玩具大成』など多くの著作を出版している。
(42) 有坂與太郎編『日本玩具集　おしやぶり』郷土玩具普及会、一九二六年。
(43) 有坂與太郎『日本玩具史』建設社、一九三一～三二年。
(44) 武井武雄『日本郷土玩具　東の部・西の部』金星社、一九三四年。
(45) 有坂與太郎・西澤笛畝他『玩具叢書一～八』雄山閣、一九三四～三五年（復刻『玩具叢書』雄山閣、一九八三年）。
(46) このほか、高橋一作『全国郷土玩具目録』旅の趣味会、一九四〇年など。
(47) 加藤幸治『郷土玩具の新解釈』社会評論社、二〇一一年。
(48) この傾向は、のちの鉄道趣味、あるいはオタク文化の中でも顕著であるといえる。
(49) 大塚英志『物語消費論』新曜社、一九八九年（のち『定本物語消費論』角川書店、二〇〇一年）。
(50) 前掲註（47）加藤書。
(51) 前掲註（47）加藤書、三〇六頁。
(52)『三越』大正二年第三巻一号、一六頁。
(53) エリック・ホブズボウム&テレンス・レンジャー編（前川啓治他訳）『つくられた伝統』紀伊國屋書店、一九九二年（Eric Hobsbawm, & Terence Ranger The Inventiion of Tradition, Cambridge University Press, 1983）。
(54) 前掲註（47）加藤書、二八六〜二九一頁。
(55)『みつこしタイムス』明治四三年一一月。『三越美術部100年史』株式会社三越、二〇〇九年、二六頁。
(56) 帝展第四部、新文展など、官展への工芸デザインの出展が認められるようになる中、一九三六年（昭和一一）には堀柳女が人形作家として初めて入選している。
(57)『三越』昭和八年第二三巻第一号、二四頁。
(58) 前掲註（13）山田書、三五六頁。
(59) 山田徳兵衛（一八九六―一九八三）人形問屋吉徳十代目。人形研究家としても知られるほか、一九二七年（昭和二）に青い目の人形をアメリカから送られた際、返礼用の日本人形を製作した。
(60) 前掲註（13）山田書、三五二頁。

あとがき

本書は、大学院時代からこれまで続けてきた近代初期消費文化における百貨店の研究の中で、著者がずっと明らかにしたいと思ってきた、デザイン運動や特定のデザイナーの研究だけでは捉えられない、近代のデザインが有する本質的な特徴とは何か、という問いに対して得られた答えの一つでもある。

この研究では、近代初期の百貨店という場において生じた趣味の大衆化の中で、デザインが通俗化していく地点を明らかにするという目的のもと、以前から気になっていた初期百貨店の不思議な商品群に焦点をあてることになった。しかし、これはほぼ「男性の消費文化」の研究であるということは、明白であった。「好事家」というマニアックな趣味の在り方は、本来特に男性的なジェンダーに顕著に見られる特徴であったともいえる。

近年、構築された男性イメージと、実態としての男性の双方を明らかにする研究が「男性学」として確立されてきている。近代社会の中で生み出された「生産する性としての男性」と、「消費する性としての女性」という性別役割は、これまで消費社会を考察するうえでの前提と見なされていた。女性は男性の社会的地位を顕示する道具として着飾ることが求められ、また、女性自らも常に他者の目を意識し、非理性的な消費に向かう。これが女性‐性の特徴であると語られてきた。他方男性は、物質的な世界よりも精神性を追求すべきという役割が与えられ、浮薄な流行や消費とは距離を置かなければならない、という風潮が広まっていく。こうした消費のジェンダー化は、西洋のみならず、近代初期の日本にも都市部を中心として確実に進行していったとされる。しかしながら、男性は近代初期の地点から明らかに物質的な消費文化の担い手であり、それが大衆化していく中で、趣味における精神性の優位は絶対的なものではなくなり、きわめて表面的な「精神性＝こだわり」と化していった。

今日に至るまで男性の消費には、一貫して明治期の紳士論以来の「こだわり」「本物志向」といった概念がつきまとっていく。男性は理性的で知的な消費者であるという、創られた社会観念が、この建前を必要とした。人形玩具を無心に収集する男性に、それを隠すための「児童用品研究」という口実が必要だったのは、このためである。そして、マニアによる趣味の極め方、「こだわり」もまた、男性特有のものであったといえる。しかし、これが大衆に広まり、本来のこだわりがわかりやすい商品となって大量に販売されていくことで、一気にキッチュが発生していく。本物は容易にフェイクに転化し、良い趣味は俗悪な趣味へと変容するのである。良い趣味と悪趣味の境界は絶対的なものではなく、両者はきわめて微妙な関係で成り立っているといえる。

それでは近代初期における趣味の大衆化の場において、女性はどのような立場にあったのか。百貨店が草創期に仕掛けていく数々の呉服模様の流行は、確かに女性たちの晴れ着が中心となって展開していた。ただし、それらの流行は男性によって創られたものであり、女性はあくまで受け手としての消費者でしかなかった。「良い趣味」への願望はファッション以外にはそれほど広がることはないように見える。わずかながら、女学生たちが自らの身の回りの文房具や雑貨類を、少女的なデザインの商品を揃え、趣味で差別化していこうというような動きも見られたが、一部の傾向にとどまった。これが大きく転換していくのが、戦後の「女の家」が出現する一九七〇年前後からであるように思われる。夫不在の家で自由な時間を獲得した主婦たちは、趣味のサークル活動に夢中になり、おびただしいデコレーションで自分たちの生活環境を自分好みの嗜好にしていくようになる。彼女たちの趣味の問題は、むしろ戦後に考察すべき点が多いようにも思われる。

今日「趣味」という響きにはそれほど高尚な印象もなくなり、単にある種のマニアの世界を指し示すことも少なくない。さらにこうしたマニアの存在さえも、私たちの間で一般化してしまった結果、もはや「オタク」が奇異な目で見られることはないという、不思議な現象が発生している。趣味に向けられたエネルギーは、大衆化の中でとどまることを知らないキッチュを増殖させている。若者が消費しなくなった時代といわれるが、好きなことには惜しまず浪費するような人々は、むしろ若者も含めあらゆる世代に広がっているといえる。良い趣味は、確かに不特定多数の他者に顕示すべきものではなくなっているが、閉じられた集団の中では特別な意味を持つ。こうした私たちの生きる現在を理解するうえでも、近代初期に起こった現象を、デザインの問題として考えるべきであり、解き明かさなければならない課題が多く残されていると思われる。

本書を刊行するにあたり、多くの方々のお力を借りました。

私にさらなる百貨店研究の機会を与えてくださったのは、平成二十二年から始まった国立歴史民俗博物館での共同研究「歴史表象の形成と消費文化」でした。そこに集まった多彩な分野の研究者の視点が私にとっては新鮮で、大変刺激を受けました。声をかけてくださった岩淵令治さんはじめ、歴博の方々、共同研究者の方々に、この場をお借りして感謝を申し上げます。

また、この研究の一環で新たに三越史料室の調査をさせていただきましたが、その際に貴重な資料を複数確認できました。特に3章で紹介した「東海道五十三次　家具小物図案集」は、私がこれまで何となく気になっていたけれど、それぞれが断片的であった、不思議な「趣味の商品群」を一つに結び付けるヒントを与えてくれました。株式会社三越伊勢丹ホールディングスの皆さま、ご協力ありがとうございました。

最後に、私が歴博での研究を終えた時期に、まさに最高のタイミングで出版のお話をいただいた吉川弘文館の伊藤俊之氏には、本書の完成に至るまで適切な助言をいただき、大変お世話になりました。

ここに感謝の意を表します。

趣味とキッチュの研究などという、風変りなテーマでデザイン研究に取り組み始めてかなりの年月が経ちました。この間に近代百貨店研究も多くの若い研究者が加わり、多くの成果が挙がっています。デザイン史研究は、まだ確立された手法のない、だからこそ多様なアプローチが求められる比較的新しい研究分野だと思います。本書がその可能性を少しでも広げる一助となれば幸いです。

二〇一五年三月

神野由紀

著者略歴
一九九四年、筑波大学大学院芸術学研究科修了　博士（デザイン学）
現在、関東学院大学人間共生学部教授
〈主要編著書〉
『趣味の誕生』（勁草書房、一九九四年）
『百貨店の文化史』（共著、世界思想社、一九九九年）
『子どもをめぐるデザインと近代』（世界思想社、二〇一一年）
『趣味とジェンダー』（共編、青弓社、二〇一九年）

百貨店で〈趣味〉を買う
大衆消費文化の近代

二〇一五年（平成二十七）五月十日　第一刷発行
二〇二五年（令和　七　）五月十日　第二刷発行

著　者　神《じん》野《の》由《ゆ》紀《き》
発行者　吉　川　道　郎
発行所　株式会社　吉川弘文館
郵便番号一一三―〇〇三三
東京都文京区本郷七丁目二番八号
電話〇三―三八一三―九一五一〈代表〉
振替口座〇〇一〇〇―五―二四四番
https://www.yoshikawa-k.co.jp/
印刷＝亜細亜印刷株式会社
製本＝株式会社 ブックアート
装幀＝清水良洋・宮崎萌美

ISBN978-4-642-08275-4

シリーズ近代美術